"Con la riqueza del evangelio y una aplicación práctica, este emotivo libro es combustible puro para avivar el gozo. En él encontrarás la sabiduría para iluminar tu día a día con el auténtico disfrute de Dios".

MICHAEL REEVES, rector y profesor de Teología, Union School of Theology

"Los libros de Tim Chester se caracterizan siempre por su fácil comprensión. Él tiene la capacidad de condensar grandes cantidades de compleja verdad teológica en capítulos cortos y asimilables. En este libro, él se sirve de esa destreza para tratar el tema de la comunión con Dios, acaso el privilegio más grande del cristiano. Con todo, es un tema que poco se entiende y menos aún se disfruta. Te animo a leer este libro. Te dará hambre y sed de compañerismo con Dios".

TIMOTHY KELLER, pastor emérito, Redeemer Presbyterian Church, Nueva York

"Me fascinó este libro. Ha sido una gran bendición, como agua refrescante para mi alma. En varias ocasiones me sentí identificada con el pecado, las luchas y el razonamiento equivocado que Tim Chester describe con tanta claridad en varios escenarios e ilustraciones, lo cual también me ha ayudado a comprender cómo mi visión de nuestro Dios trino es, con frecuencia, tan plana y limitada. Mi corazón se suavizó y conmovió con la exposición de Tim acerca de todo lo que el Padre, el Hijo y el Espíritu han hecho y continúan haciendo para permitirnos experimentar y gozar verdaderamente de una relación íntima con Dios, y para conocer a diario su bondad, su gracia y su amor en medio de la realidad caótica de nuestra vida cotidiana. Terminé el libro maravillada frente a nuestro glorioso Dios, con una humildad renovada, sintiéndome emocionada, animada y motivada".

ANDREA TREVENNA, ministra asociada para mujeres, St Nicholas, Sevenoaks, Reino Unido; autora de *The Heart of Singleness*

"Con su fascinante revelación teológica y el persuasivo planteamiento de sus aplicaciones, *Goza de Dios* no es un ensayo acerca de la Trinidad ni un manual de instrucciones, sino algo parecido a una combinación de ambos. Es uno de los mejores libros en una lista creciente que instruye a los cristianos acerca de cómo crear un puente entre el disfrute de Dios en el día del Señor y el disfrute de Dios en el día a día. Tim Chester se centra lo suficiente en Dios y en el evangelio para no correr el riesgo de minimizar a Dios a nivel de una herramienta práctica para incrementar nuestro placer. Pero si deseas por ti mismo experimentar un poco *más* (una de las palabras predilectas de Tim) la verdad según la cual hay delicias para siempre en la presencia de Dios, difícilmente encontrarás una guía mejor".

D. A. CARSON, profesor de investigación del Nuevo Testamento, Trinity Evangelical Divinity School; presidente de The Gospel Coalition (Coalición por el Evangelio)

"Se habla mucho acerca de conocer y de glorificar a Dios, pero ¿qué de disfrutar de Él? Y no solo como un Ser abstracto, sino como el Padre, el Hijo y el Espíritu Santo… ¿cómo disfrutar de cada Persona en su particularidad y a la vez como una unidad divina? ¿Y cómo disfrutar esto no solo en los momentos felices en la iglesia, sino en cada circunstancia de la vida? Con cada página de *Goza de Dios,* esta aventura se vuelve más y más emocionante. Este libro te elevará a la presencia de la Fuente de todo gozo".

MICHAEL HORTON, Westminster Seminary, California

"*Goza de Dios* es comida gourmet para el alma cansada. Tim Chester nos muestra cómo podemos gozar realmente de nuestra comunión con Dios de manera amplia y verdadera, no mediante extrañas técnicas espirituales, sino con un examen concienzudo de nuestra unión con Él. A medida que entendemos en mayor medida las tres Personas de Dios, se nos invita a una experiencia más real e intensa con Él. He aquí una verdad profunda plasmada en un escrito sencillo y cautivador".

MICHAEL JENSEN, ministro de la iglesia St. Mark's Darling Point, Sidney; autor de *Is Forgiveness Really Free?* y de *My God, My God*

"Reafirmo con tanta frecuencia a mí misma y a los demás que los sentimientos no son un buen indicador de la condición espiritual, que olvido buscar y disfrutar de la comunión con Dios. Este libro me recordó todas aquellas maneras en que el Señor me ofrece disfrutar de Él".

AGNES BROUGH, ministra asociada para jóvenes y mujeres, The Tron Church, Glasgow; coordinadora, Scottish Women's Bible Convention

"Los mejores libros son bíblicos, prácticos, personales, pastorales y conducentes a la adoración. *Goza de Dios* es uno de esos libros excepcionales que sobresalen en cada área. Lo recomiendo vivamente".

JASON MEYER, pastor de predicación y visión, Bethlehem Baptist Church

"Desde los autores de las Escrituras hasta hoy, el pueblo del Señor ha sabido siempre que el propósito de la vida es 'glorificar a Dios y gozar de Él para siempre'. Sin embargo, cada generación y, en efecto, cada cristiano, necesita redescubrirlo. Y el camino para lograrlo no es fácil. Aun así, es el único camino que vale la pena tomar. En *Goza de Dios*, Tim Chester comparte sus propias experiencias en su recorrido por este camino del evangelio y, con calidez, nos invita a acompañarlo. Acepta la invitación, y nunca lo lamentarás".

SINCLAIR B. FERGUSON, catedrático de Teología Sistemática, Reformed Theological Seminary

TIM CHESTER

GOZA DE DIOS

EXPERIMENTA SU PODER Y SU AMOR
EN TU VIDA

EDITORIAL
PORTAVOZ

La misión de *Editorial Portavoz* consiste en proporcionar productos de calidad —con integridad y excelencia—, desde una perspectiva bíblica y confiable, que animen a las personas a conocer y servir a Jesucristo.

Publicado originalmente en inglés por The Good Book Company, con el título *Enjoying God*, copyright © 2018 por Tim Chester. Traducido con permiso.

Edición en castellano: *Goza de Dios* © 2021 por Editorial Portavoz, filial de Kregel Inc., Grand Rapids, Michigan 49505.

Traducción: Nohra Bernal

EDITORIAL PORTAVOZ
2450 Oak Industrial Drive NE
Grand Rapids, Michigan 49505 USA
Visítenos en: www.portavoz.com

ISBN 978-0-8254-5938-2 (rústica)
ISBN 978-0-8254-6847-6 (Kindle)
ISBN 978-0-8254-7681-5 (epub)

1 2 3 4 5 edición / año 30 29 28 27 26 25 24 23 22 21

Impreso en los Estados Unidos de América
Printed in the United States of America

CONTENIDO

Un lunes por la mañana con Miguel y Emma 9

1. Más 13
2. Gozo 25
3. En cada placer podemos gozar de la generosidad del Padre 37
4. En cada adversidad podemos gozar de la formación del Padre 51
5. En cada oración podemos gozar de la bienvenida del Padre 65
6. En cada fracaso podemos gozar de la gracia del Hijo 77
7. En cada sufrimiento podemos gozar de la presencia del Hijo 91
8. En cada cena podemos gozar del toque del Hijo 103
9. En cada tentación podemos gozar de la vida del Espíritu 113
10. En cada gemido podemos gozar de la esperanza del Espíritu 125

11. En cada palabra podemos gozar de la voz del Espíritu 135

12. En cada persona podemos gozar del amor de Dios 149

13. En el arrepentimiento diario y en la fe podemos gozar de la libertad de Dios 161

14. Dos principios fundamentales 175

Epílogo: De pie bajo la lluvia 187

Agradecimiento 191

UN LUNES POR LA MAÑANA CON MIGUEL Y EMMA

Es domingo por la mañana. Miguel se llena de gozo mientras entona cánticos en la iglesia. Su pastor acaba de predicar acerca del amor de Dios por nosotros en Cristo. Miguel ha sentido de nuevo cuán indigno es, a diferencia de Cristo, que es digno. Ahora, mientras eleva su voz en alabanza, siente la intensidad de su amor por Cristo. No duda de que en ese momento Dios esté presente. Además, ruedan lágrimas por las mejillas de Emma.

Es lunes por la mañana. El día tuvo un buen comienzo. Todavía animado por la experiencia del día anterior en la iglesia, Miguel se sienta a saborear un emparedado de tocino. Los niños juegan tranquilamente en la habitación del frente. Le lleva a Emma un café para que se lo tome en la cama, y le da un beso en la mejilla. Afuera el sol brilla y los pájaros cantan. La vida no podría ser mejor.

Miguel llega a la estación, donde descubre que han cancelado su tren. El doble de pasajeros deja abarrotado el tren siguiente y Miguel se ve obligado a quedarse de pie. Renuncia al plan que tenía de leer su libro. Es evidente que el hombre que está a su lado y lo empuja no tiene idea de lo que es un desodorante. Los 40 minutos que siguen no van a ser divertidos.

Mientras tanto, Emma está limpiando la leche derramada sobre el piso de la cocina. Samuel y Jairo están peleando por unos zapatos. Y la pequeña Paula… ¿dónde está Paula? Emma mira hacia arriba y ve que la caja de cereal se precipita desde la mesa de la cocina. *¿Cómo puede el día ir tan mal tan rápido?,* piensa ella.

Diez minutos después, Emma da un mordisco de tostada y abre su Biblia. Lee algunos versículos y luego cierra sus ojos para orar. "Padre, te pido que Miguel tenga un buen día de trabajo. Por favor bendice a…". Jairo irrumpe en la habitación. "¿Dónde está mi suéter de la escuela?". Samuel le sigue de cerca. "¿Has visto mi tarea?". Y Paula… ¿dónde está Paula?

Miguel vuelve a cerrar sus ojos y se dirige en su imaginación a un lugar muy distante de aquel vagón repleto de gente. Está a punto de lanzarse a las aguas turquesas de una laguna tropical cuando alguien derrama té en su camisa. Profiere un insulto. Se sonroja de inmediato. Y no solo porque hay té caliente derramado sobre su abdomen. Se siente avergonzado. "Lo siento, lo siento mucho. Es la demora, el hecho de estar de pie; por lo general no soy tan malhumorado". La joven que sostiene la taza con lo que queda de su té se siente igualmente avergonzada. "No, no. Es mi culpa", dice al tiempo que se esfuerza por salir, y desaparece.

De vuelta en casa, Emma está en la puerta acompañando la salida de los niños. Uno, dos, tres. Piensa en Cindy. Cuatro. Cada día piensa en Cindy, su cuarta hija que nació con una malformación cardiaca y que había fallecido a los tres meses de nacida. Ausente, pero siempre presente. Pasados dos años, Emma todavía siente la pérdida. Duele. Estando allí de pie en la puerta de su casa, duele. "El tiempo sanará la herida" es lo que dicen las personas. Ella sabe que lo que buscan es ver el lado positivo. Pero ella no quiere "ser positiva". A veces simplemente quiere llorar.

Ayer Miguel sintió a Dios muy presente. Pero hoy… hoy es diferente. Hoy son trenes abarrotados, pasajeros sudorosos, una camisa mojada y el vacío constante que dejó la pequeña Cindy.

Hoy Dios está… ¿está cómo? No ausente; Miguel no duda que Dios esté en todas partes. Pero tampoco lo siente presente como tal. No de un modo que él pueda ver o palpar.

Emma está de pie en el parque infantil, hablando con otras mamás mientras Paula agarra su camisa. "¿Ya supiste lo que pasó con Rosa? Ya sabes, la mamá de Julio. Bueno, me enteré de que…". Emma no se ha enterado. Y quiere saber. Un poco de chisme para dar color a la mañana. Un poco de escándalo que la haga sentir superior. Se acerca para poder oír mejor.

"No —se dice a sí misma—. No lo hagas. Mala idea". Se da vuelta. ¿Era mala idea? ¿Qué daño puede causar un pequeño chisme? Sería una distracción en medio de un día aburrido. Pero Emma piensa en la Palabra de Dios. Piensa en la gracia de Cristo que se ha manifestado en su propia vida. Quiere extender esa misma gracia a otros. "Lo siento —exclama por encima del hombro—. Tengo que irme". Nadie lo nota. Todas están reunidas en torno al último rumor.

El tren avanza lentamente hacia la llegada. Miguel se agacha para mirar por la ventana, con la esperanza de poder ver la plataforma de la estación. Pero lo único que logra ver es un muro de grafiti. Entonces escucha: "Como resultado de una falla en la señal, habrá un retraso de 15 minutos. Sentimos mucho las molestias que esto pueda causar". Miguel deja salir un quejido audible. No es el único. El vagón cobra vida con los quejidos de todos los pasajeros.

Miguel cierra sus ojos. Trata de recordar el sermón de ayer. ¿Qué dijo su pastor? Algo acerca de que Cristo es nuestra justicia. Nada nuevo. Miguel lo ha escuchado ya muchas veces. Pero fue un gran consuelo oírlo ayer de nuevo. Y es un consuelo volver a recordarlo esta mañana.

Entre tanto, y un poco tarde, Emma se dirige a la entrada de la casa de Amanda. Se reúnen casi cada semana para leer la Biblia y orar juntas. Emma trata de recordar lo que hicieron la semana pasada. Algo en Filipenses. Algo acerca de conocer a Cristo. En cualquier caso, recuerda que en ese momento le pareció emocionante.

"Disculpa el desorden", dice Amanda. Emma sonríe. La casa de Amanda siempre está en desorden. Ella traslada una canasta de ropa de la silla a la mesa, para que Emma pueda sentarse. Amanda le sirve una tasa de café, que estaba demasiado concentrado. Emma no sabe cómo Amanda logra manejar tanto desorden.

Con media hora de retraso, Miguel está por fin sentado en su escritorio. "¿Cómo estuvo la iglesia?", le preguntó Roberto. Roberto es el único colega cristiano de Miguel. ¿Cómo estuvo la iglesia? La verdad es que siente como si eso hubiera sucedido hace mucho tiempo. Ayer su pastor habló acerca de una relación con Dios. Y el domingo sonaba como una posibilidad real. Pero eso fue el domingo y hoy es lunes. Hoy se siente como una realidad mucho más esquiva. Si solo tuviera más tiempo para orar, tal vez así podría Miguel gozar de Dios. Quizá pueda recrear ese sentimiento de gozo que experimentó el domingo por la mañana. O quizá solo tenga que esperar hasta el próximo domingo. ¿El próximo domingo? Apenas es lunes por la mañana.

1 MÁS

Yo creo en más. Más de Dios. Claro, más en el futuro, pero también más en el presente. Podemos conocer más a Dios. *Tú* puedes conocer más a Dios.

Siempre he disfrutado de las fotografías y los afiches de las pinturas de Vincent Van Gogh. Pero ver las pinturas con mis propios ojos en el Musée d'Orsay en París me dejó maravillado. El color y el movimiento de las obras era extraordinario. Siempre he disfrutado de las grabaciones de *La ascensión de la alondra* de Ralph Vaughan Williams. Pero cuando la English Chamber Orchestra la interpretó en el Sheffield City Hall, tuve que enjugar las lágrimas de mis ojos. Las notas sublimes del violín dejaron mi corazón extasiado.

Hace poco experimenté el placer de enterarme de que mi equipo de fútbol, el Sheffield United, había vencido a nuestros rivales locales (un equipo cuyo nombre no recuerdo). Sin embargo, estar presente en el estadio cuando marcaron los goles y vencieron a sus contrincantes fue una experiencia completamente diferente. Los hombres se abrazaban embelesados. Me encanta mirar programas televisivos acerca de la campiña británica. Pero cuando salgo a caminar, literalmente salto de dicha y río solo. ¡No estoy exagerando!

De igual modo, siempre he disfrutado leer acerca de Dios. Pero experimentar a Dios mismo me deja boquiabierto, llena de lágrimas mis ojos o me mueve a saltar. A veces, todo lo anterior se junta al mismo tiempo.

Este libro se trata acerca de cómo puedes experimentar más de Dios.

EXPERIMENTA A DIOS

Para llegar a eso, permíteme hacerte una pregunta. ¿Con cuál de los miembros de la Trinidad —Dios Padre, Dios Hijo o Dios Espíritu Santo— sientes más que vives una relación cercana y experimentada? No estoy preguntando lo que piensas que debería ser. Te estoy pidiendo que reflexiones en tu experiencia personal. ¿Por qué no hacerlo antes de seguir tu lectura?

En los últimos años he aprovechado cada oportunidad para hacer esta pregunta a muchas personas en diversos lugares, y en diferentes tradiciones eclesiales. Ha sido un ejercicio fascinante. Siempre encuentro respuestas muy variadas. Algunas personas responden el Padre; otras, el Hijo; otras, el Espíritu Santo; y otras, alguna combinación. Y, antes de que preguntes, no existe correlación aparente entre las respuestas de las personas y su trasfondo eclesial; los cristianos carismáticos no siempre señalan al Espíritu, ni los conservadores prefieren al Padre.

Este libro empezó cuando me di cuenta de que el Padre y el Espíritu eran con quienes yo sentía que tenía una relación viva, mas no con el Hijo. He tenido un agudo sentido de que el Padre es a quien acudo en oración. Sé cómo es pedirle algo y recibir de Él. No siempre recibo lo que pido, pero me alegra confiarle la organización de las circunstancias de mi vida, buenas y malas, para mi bien. Tengo un fuerte sentido de vivir por medio del poder del Espíritu. No lo digo porque ande por ahí haciendo milagros o sienta hormigueos que recorren mi columna. Lo digo porque estoy convencido de que cualquier bien que yo haga se lleva a cabo por medio del impulso y el poder del Espíritu.

Definitivamente no se hace en el poder de Tim Chester. De modo que yo siento mi dependencia del Espíritu.

Sin embargo, me di cuenta de que, en un grado mucho menor, sentía que tenía una experiencia con el Hijo en el presente. Me sentía desconectado de Él. Soy consciente de que Él vivió, murió y resucitó por mí para que yo pudiera ser reconciliado con Dios. Esa es una verdad gloriosa por la cual estoy profundamente agradecido. Estoy convencido de que todas las bendiciones que recibo en mi vida fluyen de su obra. No obstante, eso fue hace 2.000 años, y ahora Él está en el cielo. Eso es mucho tiempo y constituye una distancia considerable. ¿Qué significa *conocer* a Jesús personalmente? ¿Y qué significa relacionarse con Él ahora mismo en el presente?

¿Por qué importa esto?

Porque yo creo en más.

DOS PRINCIPIOS

Este libro se rige por dos principios claves, los cuales te ayudarán a gozar más de Dios. No son complicados. No son habilidades que necesites dominar ni logros que exijan una gran fuerza de voluntad. Sin embargo, sospecho que muchos cristianos no tienen un sentido fuerte de relación con Dios ni gozan más de esa relación porque no aprecian plenamente estos dos principios. Estos son:

1. A Dios se le conoce por medio de tres Personas, de modo que nos relacionamos con el Padre, con el Hijo y con el Espíritu.
2. Nuestra unidad con Dios en Cristo es el fundamento de nuestra comunidad con Dios en la experiencia.

Hablaremos del segundo principio en un momento. El primero explica por qué es clave relacionarse con las tres Personas de la Trinidad para gozar más de Dios.

1. PODEMOS CONOCER A DIOS: EL PRINCIPIO DE TRES Y UNO

Cuando oramos, es muy fácil pensar que oramos a una cosa o a una fuerza. Puede parecer algo abstracto. Tratamos de imaginar a Dios, pero Dios es invisible. ¿Cómo podemos ver al Dios invisible? ¿Cómo pueden las personas finitas conocer lo infinito? ¡La respuesta es que no se puede! No tenemos una relación con "Dios" en un sentido general. No podemos conocer la esencia de Dios, aquello que lo hace Dios. Su naturaleza sobrepasa nuestra capacidad de comprensión.

Sin embargo, podemos conocer las *Personas* de la Trinidad. Dios vive en una comunidad eterna en la cual el Padre, el Hijo y el Espíritu se relacionan mutuamente en amor. Y cuando Dios se relaciona con nosotros, lo hace de la misma manera, como Padre, Hijo y Espíritu. De modo que cuando hablamos acerca de tener una relación con Dios, en realidad es una manera abreviada de decir que tenemos una relación con Dios Padre, con Dios Hijo y con Dios Espíritu Santo.

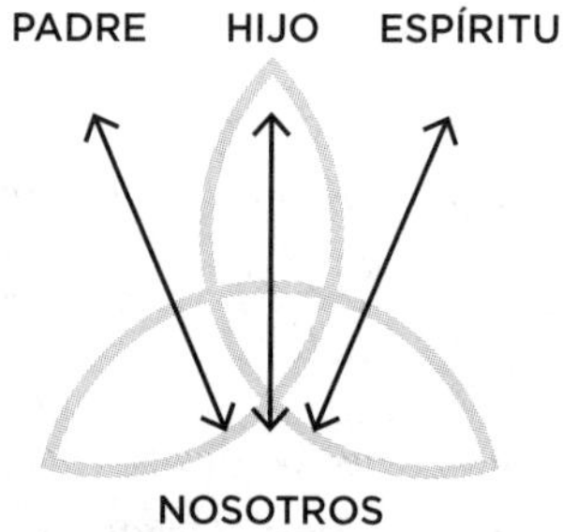

La implicación práctica de esto es simple: tu relación con Dios va a profundizarse y a enriquecerse si la piensas en términos de cómo te relacionas con el Padre, con el Hijo y con el Espíritu. Piensa cómo cada miembro de la Trinidad se relaciona contigo y cómo respondes tú a cada uno.

Por ejemplo, cuando ores, piensa en dirigir tu oración al Padre por medio del Hijo con la ayuda del Espíritu. O cuando leas la Biblia, piensa cómo el Padre se revela a sí mismo en su Hijo por medio del Espíritu, o piensa cómo el Hijo te comunica su amor por medio del Espíritu Santo.

Ahora detente y piensa en esto por un momento. ¿Cómo se relaciona el Padre contigo y cómo te relacionas tú con Él? ¿Y cómo funciona esto con el Hijo? ¿Y con el Espíritu Santo?

En este libro vamos a ver por separado cómo cada miembro de la Trinidad actúa en relación con nosotros y cómo nosotros deberíamos responder. Descubriremos que el Dios trino, el Dios que es Padre, Hijo y Espíritu, interactúa con nosotros de mil maneras cada día.

Así que el primer paso para relacionarse con Dios es relacionarse con cada Persona distinta de la Trinidad: Padre, Hijo y Espíritu. No obstante, nunca debemos considerar a las tres Personas sin reconocer al mismo tiempo que Dios es *uno*. La unidad de Dios importa porque supone que conocer a una de las Personas es conocer a todas las tres. Nunca nos relacionamos con ellas por separado. Esto significa que nuestros pensamientos se mueven constantemente de la una a la otra. También significa que este libro va a ser bellamente "desordenado". Será imposible hablar acerca de una relación con el Padre sin hablar acerca de cómo el Hijo nos ama o cómo el Espíritu nos permite clamar "Abba, Padre". Será imposible hablar acerca de la presencia de Jesús sin hablar acerca de la obra del Espíritu.

En la película *El mago de Oz*, Dorothy y sus compañeros salen en busca del mago de Oz, convencidos de que es una figura divina que puede darles un cerebro, un corazón y valor. Salvo que el mago resulta ser una farsa. Tiene un aspecto intimidante, pero detrás de todo eso no es más que un pobre anciano. La imagen imponente es nada más una fachada.

A veces las personas se imaginan que Dios es, en cierta medida, como el mago de Oz. Creen que Jesús es el rostro atractivo de Dios, pero es una fachada que esconde a un anciano malhumorado. Nada podría estar más lejos de la realidad. La unidad de la Trinidad significa que cuando vemos a Dios en Cristo, no vemos una máscara ni una fachada. No hay sorpresas detrás de lo que vemos en Cristo. Jesús es la Palabra perfecta de Dios y la imagen perfecta de Dios porque Jesús es Dios. Ver al Hijo es ver al Padre. Él es "el resplandor de su gloria, y la imagen misma de su sustancia" (Hebreos 1:3). El Padre y el Hijo son un ser. No hay ningún otro Dios por ahí. Jesús realmente es como es el Padre. Relacionarse con el Hijo es relacionarse con el Padre y con el Espíritu.

Gregorio Nacianceno, teólogo del siglo IV, lo dijo en estos términos: "No puedo concebir en mi entendimiento uno, sin que al momento me vea rodeado del resplandor de tres; ni puedo diferenciar tres, sin que al momento se vea reducido a uno".[1]

La verdadera espiritualidad cristiana involucra un movimiento constante del uno a los tres y de los tres al uno. Necesitamos entrenar nuestros corazones para pensar en las tres Personas y en cómo nos relacionamos con cada una de ellas en particular. Por otro lado, necesitamos igualmente entrenarnos a pensar acerca de las tres como una sola, de modo que relacionarnos con una persona sea encontrar a las otras dos.

2. PODEMOS CONOCER *MÁS* DE DIOS: EL PRINCIPIO DE UNIÓN Y COMUNIÓN

La vida de Moisés distó mucho de ser ejemplar. Sin embargo, por un momento nada más va a ser mi héroe.

Dios había rescatado a su pueblo de la esclavitud en Egipto. Ahora los israelitas en el desierto se fabrican un becerro de oro y lo adoran en lugar de Dios (Éxodo 32:1-6). Aun así, Dios reitera su promesa de entregarles la tierra de Canaán, aunque añade: "Pero yo no subiré en medio de ti, porque eres pueblo de dura cerviz, no sea que te consuma en el camino" (Éxodo 33:3).

Piensa en ese ofrecimiento por un instante. El pueblo puede tener las bendiciones de Dios sin las exigencias de su presencia santa. Imagina que te ofrecieran un boleto al cielo sin necesidad de ser santo. ¿Aceptarías ese ofrecimiento?

---

1. Gregorio Nacianceno, *Sermón sobre el Santo Bautismo*, citado en Juan Calvino, *Institución de la religión cristiana.* (Rijswijk: FELIRE, 1999), 1.13.21.

Esta es la respuesta de Moisés:

> *Si tu presencia no ha de ir conmigo, no nos saques de aquí. ¿Y en qué se conocerá aquí que he hallado gracia en tus ojos, yo y tu pueblo, sino en que tú andes con nosotros, y que yo y tu pueblo seamos apartados de todos los pueblos que están sobre la faz de la tierra? (Éxodo 33:15-16).*

Esta es una respuesta extraordinaria. En cierto sentido, a Moisés se le ofrece alcanzar la meta de toda una vida de trabajo y poseerla sin la obligación de ser el pueblo escogido de Dios. No obstante, lo que realmente le importa a Moisés es conocer a Dios y ser pueblo suyo. Dios le ofrece a Moisés todo sin Dios, pero Moisés no quiere todo. Él quiere a Dios. Y por lo tanto, rechaza la oferta. Las bendiciones de la tierra prometida son secundarias frente a la bendición verdadera que es Dios mismo. No solo somos salvos *del* pecado, sino que somos salvos *para* Dios.

La vida cristiana incluye una experiencia viva y palpable de Dios. Hay una relación real: una relación bidireccional en la que se da y se recibe, en la que se es amado y se ama. El cristianismo no es simplemente un conjunto de verdades que deberíamos creer acerca de Dios, ni un estilo de vida que deberíamos adoptar. Es una relación bidireccional, una relación que experimentamos aquí y ahora. En el pasado, los cristianos se han referido a esta relación como "comunión con Dios". Hoy día, la palabra "comunión" se usa, por lo general, para referirse únicamente a la cena del Señor. Ellos, en cambio, la usaron en un sentido más general para hablar acerca de nuestra experiencia de Dios (la cual incluye la cena del Señor).

Aquí es donde entra a jugar el segundo principio: nuestra unidad con Dios en Cristo (que es toda la obra de Dios) es el fundamento de nuestra comunidad con Dios en la experiencia (la cual es una relación bidireccional). O, dicho en términos más sencillos, nuestra *unión con Dios* es el fundamento de nuestra *comunión con Dios.*

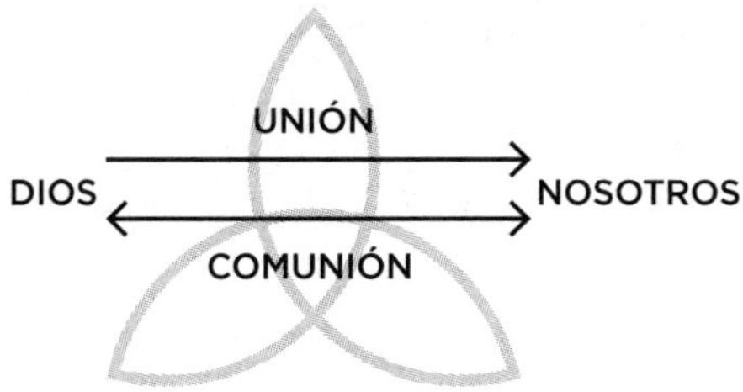

Este principio nos protege de dos peligros opuestos. El primero es pensar que nuestra relación con Dios es un logro de nuestra parte. Si nos consagramos a la oración o aprendemos técnicas de meditación o trabajamos duro sirviéndole, entonces podríamos suponer que realmente podemos conocer a Dios. Pero la unión con Dios es unidireccional. Se basa por completo en la gracia de Dios. Empieza con la elección amorosa del Padre. Se logra por medio de la obra del Hijo. Y se aplica a cada uno de nosotros por medio del Espíritu. De modo que no es, en absoluto, algo que nosotros logremos. No es algo a lo cual nosotros aportemos. Es un regalo que Dios nos da en su amor. La acción es unidireccional.

Quizá nunca hayas sentido que tienes una relación con Dios. Esto podría deberse a que nunca has confiado tu vida a Cristo. Jesús dice: "Yo soy el camino, y la verdad, y la vida; nadie viene al Padre, sino por mí" (Juan 14:6). No existe otro medio para relacionarse con Dios aparte de Jesús.

El segundo peligro es conformarse con poco, con poco de Dios.

Mi madre ha sido cristiana durante casi sesenta años. Hace poco me dijo: "Jesús es más precioso para mí que nunca antes". El mes anterior, ella había dicho: "Este año tu padre y yo hemos tenido más tiempos de bendición leyendo la Biblia que en cualquier otro momento de nuestras vidas". Sesenta años desde su conversión y mi madre está gozando de Dios más que nunca.

Tú también puedes conocer más de Dios. Dios nos ha salvado para que podamos gozar de una relación con Él, y esta relación con Dios es bidireccional. Dios se relaciona con nosotros y nosotros nos relacionamos con Dios. De manera que nosotros aportamos a la relación. Lo que hacemos afecta nuestra experiencia de Dios.

Imagina dos hijos. Cada día, Jaime le prepara el desayuno a su padre y conversan durante media hora mientras comen juntos. Más tarde, Jaime y su padre salen juntos a volar una cometa, jugar fútbol, leer un libro. Mientras tanto Pablo, el hermano mayor de Jaime, se avergüenza de su padre. Pablo se queda todo el día en su habitación oyendo su música a todo volumen. En las pocas ocasiones en las que Pablo se comunica con su padre, por lo general lo hace con gruñidos en actitud de desdén.

¿Cuántos hijos tiene el padre? La respuesta, por supuesto, es dos. Y ¿qué hicieron ellos para convertirse en hijos? Nada. Simplemente nacieron como hijos. Sin embargo, solo Jaime goza del hecho de ser hijo. Solo Jaime experimenta una buena relación con su padre.

Orar y leer tu Biblia no te hará más cristiano. Y el hecho de no hacerlo no te hará menos cristiano. De manera similar a Jaime y Pablo, nos convertirnos en hijos de nuestro Padre celestial por el hecho de haber nacido, la diferencia es que los cristianos son nacidos *de nuevo*. Somos salvos solo por la gracia por medio de la fe en Cristo. Nuestro estatus de hijos de Dios es un regalo. Sin embargo, la medida en la cual gozamos de esa comunión depende de lo que hacemos. Pablo expresó esta dinámica de manera clara: "Sino que prosigo, por ver si logro asir aquello para lo cual fui también asido por Cristo Jesús" (Filipenses 3:12).

¿IMPORTA LO QUE HACEMOS?

Comprender esta diferencia entre la unión y la comunión nos guarda de pensar en dos extremos: que nuestras acciones son lo único que importa y que nuestras acciones no importan en absoluto.

- Nuestras acciones no nos hacen cristianos, no nos hacen más cristianos, ni nos mantienen siendo cristianos, porque nuestra unión con Dios es por completo obra suya.

- Nuestras acciones sí importan y afectan nuestro *disfrute* de Dios, porque nuestra comunión con Dios (nuestro disfrute de nuestra unión con Dios) implica una relación bidireccional.

Por eso, aunque seas cristiano, puedes sentir que tu relación con Dios es débil cuando descuidas esa relación. Y, al mismo tiempo, por esa razón puedes siempre afirmar que tu *unión* con Dios se basa en el fundamento sólido de la obra acabada de Cristo. Sin importar cuánto te equivoques ni descuides tu relación con Dios, siempre puedes empezar de nuevo, porque siempre estás unido a Dios en Cristo.

Vamos a enfocarnos en nuestra *comunión con Dios*, en cómo podemos gozar de una relación viva con Dios. Sin embargo, nunca debemos olvidar que el fundamento de nuestra comunión con Dios es nuestra *unión* con Dios en Cristo. La maravilla de la gracia de Dios es que nuestra relación con Él no es algo que tengamos que lograr. Es, de principio a fin, un regalo.

PUESTA EN PRÁCTICA

Cuando era joven yo practicaba el bateo. Lo practicaba para jugar al críquet, pero estoy seguro de que funciona igual para béisbol o tenis. Lanzaba una pelota contra un muro y, al rebotar, la golpeaba con un palo. A veces usaba un bate, pero eso resultaba demasiado sencillo. Me forzaba a hacerlo con un palo para entrenarme, de modo que, cuando volvía a tomar un bate de críquet, pudiera golpear la pelota en el centro del bate. Repetía esto sin parar. Estoy seguro de que eso enloquecía a mi mamá.

Cada capítulo de este libro termina con un simple paso que puedes dar. Piensa en estos pasos como el equivalente a lanzar una pelota contra un muro. Algunas prácticas pueden parecer extrañas al principio. Pero van a fortalecer tus músculos espirituales y a ayudarte a desarrollar tus instintos espirituales.

O míralo de la siguiente manera. Si conduces a 160 kilómetros por hora, cubres tu velocímetro y tratas de desacelerar a 30 kilómetros por hora, ¿a qué velocidad llegarías en realidad? Para la mayoría de las personas, la respuesta es entre 60 y 80 kilómetros. Conducir a 160 kilómetros por hora altera tu percepción de lo que es una velocidad "normal".

Ninguno de estos pasos es difícil ni complicado. Sin embargo, a algunos les pueden resultar un poco extraños o en cierta manera intensos. Puede que se sienta como conducir a 160 kilómetros por hora. Pero el objetivo es que, cuando dejes de hacerlos y te concentres en ello, tu "velocidad" espiritual normal sea 80 y no 30 kilómetros por hora. Por ejemplo, hablar con Dios, cuando vas de camino al trabajo, puede sentirse extraño. Y hacerlo todos los días a lo largo de cada jornada durante una semana definitivamente puede parecer intenso. Pero después se convertirá, esperemos, en una práctica natural para ti. Puede que llegue a parecerte mucho más normal hablar con Dios o pensar acerca de Dios en situaciones en las que antes no lo habrías hecho.

La práctica para este capítulo consiste en orar cada día durante una semana al Padre, luego al Hijo y luego al Espíritu Santo. En el Nuevo Testamento, la oración se dirige, por lo general, al Padre por medio del Hijo con la ayuda del Espíritu Santo. Es lo que se acostumbra regularmente, pero no siempre es el caso. Puesto que la oración al Padre es la norma en el Nuevo Testamento, esta debe ser la norma en nuestra vida de oración. Sin embargo, Jesús y el Espíritu no son menos Dios que el Padre, y por lo tanto, ellos pueden oír y contestar la oración. Aunque la Biblia no presente ejemplos claros de personas que oren al Espíritu Santo, en Hechos 7:59 Esteban ora a Jesús. A través de los siglos, los cristianos también han orado a Jesús y al Espíritu, así como al Padre. Un famoso himno del siglo IX empieza con estas palabras:

Ven, Espíritu Santo Creador,
desde el resplandor de tu trono;
apodérate de nuestras almas,
habita en ellas, tuyas son.

Lo tradujo el reformador Martín Lutero para que fuera interpretado en el día de Pentecostés. De igual modo, el teólogo puritano John Owens dice: "La *naturaleza divina* es la razón y la causa de toda adoración; es, pues, imposible *adorar a una sola* Persona y no adorar a la Trinidad *entera*".[2] A la luz de lo anterior, él sostiene que podemos orar al Hijo y al Espíritu. Y adorar al Hijo y al Espíritu constituye una forma provechosa de reflexionar en la participación específica de cada uno en nuestra vida.

ACCIÓN

Cada día, durante una semana, dedica tiempo a orar al Padre, luego al Hijo y luego al Espíritu. En cada caso, ofrece alabanza o presenta peticiones que estén relacionadas de manera particular con la participación específica de esa Persona en tu vida.

PREGUNTAS PARA REFLEXIONAR

- ¿Con cuál de los miembros de la Trinidad sientes que vives más una relación cercana y experimentada?
- ¿Qué sucede si pensamos en la unidad de Dios excluyendo a las tres Personas?
- ¿Qué sucede si pensamos en las tres Personas excluyendo la unidad de Dios?
- ¿Te parece a veces intimidante hablar de espiritualidad o de comunión con Dios? ¿Qué consuelo te ofrecen los principios de unión y de comunión?
- ¿Qué sucede si pensamos que nuestra unión con Dios requiere también nuestra participación? ¿Qué sucede si pensamos que nuestra comunión con Dios no requiere de nuestra participación?

---

2. John Owen, "Communion with God", en *Works,* vol. 2, ed. William Goold, (Edimburgo: Banner of Truth, 1965), p. 268.

2
GOZO

¿Quieres más de Dios? ¿Quieres gozar de Él? Todos sabemos la respuesta que *deberíamos* dar a esas preguntas. Pero seamos sinceros. No siempre estamos seguros acerca de si queremos pasar más tiempo con Dios. Con frecuencia, hay otras cosas que preferiríamos hacer.

O planteemos la pregunta en los siguientes términos: *¿Te agrada Dios?* Quizá te parezca una pregunta extraña. Se supone que debemos amar a Dios. ¿Pero que Dios nos agrade? Eso es lo extraño. Por lo general, somos muy hábiles para decidir si alguien nos agrada. Al cabo de unos minutos de conocer a alguien, nos formamos rápidamente una impresión acerca de si nos agrada o no esa persona. ¿Cómo es posible que conozcamos a Dios durante años sin haber decidido si nos agrada? Puede ser porque pensamos que Dios es una fuerza impersonal, un conjunto de ideas o un sistema teológico, en lugar de las tres Personas con quienes tenemos una relación.

O puede ser que pienses que Dios es frío, distante y ajeno. Muchos cristianos empiezan con la idea de que Dios es nada más un gobernante o un juez. Y sin importar cuánto nos esforcemos, suponemos que siempre vamos a decepcionarlo. Ciertamente

Dios es Rey y Juez. Pero si esa es la única idea que tienes acerca de Dios, aunque puedas respetar a un Dios así, no será alguien que te agrade. Podemos terminar haciéndonos a la idea de un Dios que es como un anciano solitario que prefiere que no lo interrumpan.

O puede que sientas indiferencia hacia Dios. Estás de acuerdo con la verdad cristiana. Sin embargo, no estás seguro de *sentirla*. Ves que las otras personas se emocionan, levantan sus manos con gozo, tienen una sonrisa en su rostro, y tú no sientes nada. Todo este tema de gozar de Dios te parece algo intimidante.

O puede que tengas realmente el sentir de una relación viva con Dios. Gozas de su presencia y sientes su toque en tu vida. Pero quieres más. "Has gustado la benignidad del Señor", como lo expresa 1 Pedro 2:3. Apenas se ha abierto el apetito para gustar más de Él.

Tu búsqueda de Dios depende de lo que piensas de Él. Depende de si piensas si vale la pena cultivar una relación con Él.

En lo que respecta a esa pregunta, en la mente de Pablo no hubo duda alguna. ¿Cuál fue la meta de su ministerio? ¿Qué intentó hacer con sus travesías por el Mediterráneo, cuando se arriesgó a naufragar, fue encarcelado y enfrentó disturbios? La respuesta es que estaba intentando llevar *gozo* a las personas. Él dice a la iglesia de Corinto: "Colaboramos para vuestro gozo; porque por la fe estáis firmes" (2 Corintios 1:24). Él dice algo parecido a la iglesia en Filipos: "Aún permaneceré con todos vosotros, para vuestro provecho y gozo de la fe" (Filipenses 1:25). La meta del ministerio de Pablo era que las personas pudieran experimentar gozo.

En ambos versículos, gozo tiene que ver, en alguna medida, con la fe. La razón es que este gozo no es algo que experimentemos como resultado de circunstancias favorables. No es porque Pablo anhele que todos estemos sentados en la playa con una bebida refrescante en la mano. Después de todo, cuando Pablo escribió a los filipenses, él mismo estaba en prisión esperando una posible ejecución. De manera que este gozo es algo que podemos experimentar *a pesar de* nuestras circunstancias.

Alguna vez, Pablo se describió a sí mismo "como no teniendo nada, mas poseyéndolo todo" (2 Corintios 6:10). Un poco más adelante añade: "Sobreabundo de gozo en todas nuestras tribulaciones" (2 Corintios 7:4). ¿Cómo es posible tener nada *y* poseerlo todo? ¿Cómo podemos tener tribulaciones *y* sobreabundar de gozo? La respuesta es que la fe mira nuestra relación con Dios más allá de nuestras circunstancias.

Estos son algunos beneficios de gozar de una relación con Dios:

GOZAR DE DIOS NOS AYUDA A VENCER LA TENTACIÓN

El pecado se opone a Dios. La tentación siempre nos plantea el dilema entre buscar gozo en Dios y buscar los placeres del pecado. La Biblia habla acerca del corazón como el que dirige nuestro comportamiento. Siempre hacemos lo que queremos. Si gozamos de Dios, el pecado va a parecer como el sustituto deficiente que es realmente.

GOZAR DE DIOS NOS AYUDA A SOPORTAR EL SUFRIMIENTO

El sufrimiento supone pérdida: pérdida de la salud, de un ingreso, de un estatus, de amor. Esas pérdidas son reales y dolorosas. Sin embargo, vemos una y otra vez que las personas que experimentan a Dios logran enfrentar mejor dichas pérdidas. ¿Por qué? Por que nunca perdemos a Dios. Nada puede separarnos de su amor. Cuando somos despojados de otras cosas, siempre quedamos con Dios, y Él es suficiente.

GOZAR DE DIOS NOS AYUDA A VIGORIZAR NUESTRO SERVICIO

Uno de los obreros más diligentes que describe la Biblia es el hermano mayor del hijo pródigo (Lucas 15:11-32). Sin embargo, una noche su fiel servicio quedó en evidencia por lo que era realmente: un servicio a sí mismo. Resultó que nunca había trabajado realmente por su padre, sino únicamente por su recompensa personal. Él se considera un esclavo, no un hijo. Compara esto con otro hijo: Jesús, quien sirve como el Hijo. Fue a la cruz "por el gozo puesto delante de él" (Hebreos 12:2). Si te sientes como un esclavo de un Dios lejano que exige tu obediencia, siempre vas a sentir que tu servicio es un trabajo arduo y un deber desprovisto de gozo. Pero si te sientes como un hijo del Dios que ha derramado su amor sobre ti, tu servicio va a ser diligente, íntegro y lleno de gozo. Vas a deleitarte en agradar a tu Padre, en vez de sentirte obligado a obedecer a un amo.

GOZAR DE DIOS PROMUEVE NUESTRO TESTIMONIO VIVO

Soy papá, y uno de mis deberes como papá es insistir en que todos en casa enrollen el tubo de dentífrico para extraer hasta la última gota de crema dental. Eso está incluido en el manual de lamentos insustanciales de los papás. Muchas veces, así siento que resulta ser mi trabajo de evangelismo. Me desgasto dando explicaciones y luego a regañadientes exprimo una diminuta gota de evangelio. A nadie parece impresionarle esto.

Por otro lado, todo el mundo es un excelente evangelista de las cosas que ama. Las personas ensalzan las virtudes de su equipo deportivo favorito, de su programa de televisión favorito, o de su nuevo novio. Y este entusiasmo es contagioso. Entre más experimentamos una relación con Dios y hallamos gozo en Él, más será entusiasta y contagioso nuestro evangelismo. Dejará de ser un ejercicio de conversación incómodo e impuesto como una obligación. Antes bien, brotará como algo que rebosa de nuestros corazones llenos y hablaremos con entusiasmo de Aquel a quien amamos. En vez de parecer un tubo de dentífrico seco y vacío, seremos como botellas de champaña que están ansiosas por estallar, burbujeantes y rebosantes.

GOZAR DE DIOS NOS CAPACITA PARA SACRIFICARNOS

Imagina que tu iglesia está llena de gente que dice: "Nada se compara con conocer a Cristo. Con gusto entregaré mi tiempo, mi dinero, mi casa, mi futuro y mi comodidad para servir al evangelio". ¿Qué no lograríamos con gente que viviera de esa manera? Pero es Pablo quien dice: "Y ciertamente, aun estimo todas las cosas como pérdida por la excelencia del conocimiento de Cristo Jesús, mi Señor, por amor del cual lo he perdido todo, y lo tengo por basura, para ganar a Cristo" (Filipenses 3:8).

Una vez Jesús contó una breve parábola:

> *El reino de los cielos es semejante a un tesoro escondido en un campo, el cual un hombre halla, y lo esconde de nuevo; y gozoso por ello va y vende todo lo que tiene, y compra aquel campo (Mateo 13:44).*

Dios es ese tesoro. Entre más conocemos a Dios, más dispuestos estaremos a dejar todo lo demás. Y observa que el hombre de la parábola vendió "gozoso" todo lo que tenía. Por lo general, el acto de renunciar no suena como algo divertido. Pero esto es lo que descubrí: La mayoría de sacrificios importantes que he hecho en mi vida no los sentí como sacrificios cuando los hice. Se sintieron como la respuesta natural y obvia a la búsqueda de Dios y de su gloria. El sacrificio se convierte en la oportunidad para expresar nuestro deleite en Dios. Lo que entregamos parece pequeño en comparación con lo que ganamos.

Estos son algunos beneficios que vienen a nuestra vida cuando nos relacionamos con Dios y encontramos nuestro gozo en Él. Ahora veamos la otra cara de la realidad y convirtamos el ejercicio en una herramienta diagnóstica. Determina si algunas de las siguientes afirmaciones son ciertas acerca de ti.

- Cedes con frecuencia a la tentación.

- El sufrimiento y la pérdida te llenan de temor.
- Tu servicio es una carga pesada.
- Tu testimonio se siente como un deber.
- Tus sacrificios se sienten como sacrificios.

Si alguna de estas afirmaciones es cierta en tu vida, es probable que sea una señal de que no encuentras gozo en Dios como deberías.

GOZAR DE DIOS POR CAUSA DE DIOS

Aun así, ninguno de estos beneficios constituye la razón principal para cultivar una relación con Dios. Cultivamos el gozo en Dios *por causa de Dios*, porque Él es la fuente de gozo.

Imagina que te encuentras conmigo una mañana y me veo alegre. ¡Soy inglés, de modo que no es fácil saber cuándo estoy feliz! Pero para efectos de la ilustración, imagina que puedes hacer tal cosa. "¿Qué te pasa?", preguntas. "¿Por qué estás tan alegre?". ¿Cómo esperarías que yo responda? Supongamos que digo: "He decidido estar alegre esta mañana porque eso me reporta algunos beneficios psicológicos". ¡Esa sería una respuesta curiosa! Es mucho más probable que yo diga (como lo hago a menudo): "El sol brilla, los pájaros cantan y la vida es dulce". Y la razón por la cual los cristianos deberíamos estar gozosos no son los beneficios secundarios (aunque importantes) que trae el gozo, sino porque tenemos razones para estar gozosos. Y la razón número uno es Dios mismo. Tenemos a Dios: todo lo que Él es para nosotros y todo lo que Él hace por nosotros.

A Martín Lutero, el teólogo y reformador alemán, le gustaba mucho describir la salvación como un matrimonio:

> *La fe une al alma con Cristo del mismo modo que una novia está unida a un novio. Como resultado, llegan a tener todas las cosas en común, tanto las buenas como las malas... nuestros pecados, nuestra muerte y condenación ahora le pertenecen a Cristo, en tanto que su gracia, su vida y su salvación ahora nos*

pertenecen. Porque si Cristo es un esposo, Él debe tomar aquello que le pertenece a su novia, y debe dar a ella lo que es suyo. No solo eso, sino que Él se da también a sí mismo a nosotros.[3]

No pases por alto la frase clave: "Él también se da a Sí mismo a nosotros". El día de su boda, la novia puede recibir riqueza, estatus, bienes y privilegios de su nuevo esposo. Puede que le resulte encantador tener acceso a la colección de DVD de su esposo. Puede que le emocione mudarse a su nueva casa. Puede que le alegre que el nombre de ella se incluya en la cuenta bancaria de su esposo. Pero lo que ella quiere realmente es a él. Hay muchas bendiciones que se desprenden del hecho de ser cristiano, pero la verdadera bendición es Cristo. Cristo mismo es su propia recompensa.

Hay un peligro en convertir la búsqueda del gozo en una obra que debemos llevar a cabo. Puede que pienses: "Como si la vida cristiana no fuera ya lo bastante difícil, ahora no solo tengo que obedecer la ley de Dios ¡sino que también tengo que estar alegre por eso! Ahora tengo que trabajar duro en 'conseguir' gozo. Ahora tengo que arreglármelas para 'experimentar' a Dios". No se trata de eso. En absoluto. Es como decirle a un niño que debe esforzarse mucho para comer chocolate. A un niño se le da *permiso* para comer chocolate, ¡no se le *ordena* hacerlo! Porque, de lo contrario, su búsqueda de chocolate sería desenfrenada.

Dar a alguien el mandato de gozarse puede parecer algo perverso. Pero eso es lo que Pablo hace cuando escribe a los filipenses. "Regocijaos en el Señor siempre. Otra vez digo: ¡Regocijaos!" (Filipenses 4:4). ¿Cómo puede una emoción ser un mandato? Sería el equivalente a ordenar a tu hijo que deje de sentir hambre. Pero Pablo no nos manda gozarnos. Él nos dice que nos gocemos *en el Señor*. Nosotros no obedecemos el mandato de regocijarnos sacando de nuestro interior sentimientos de gozo.

---

3. Adaptación del autor de Martín Lutero, "The Freedom of a Christian" (1520), *The Annotated Luther Volume 1: The Roots of Reform*, ed. Timothy J. Wengert (Minneapolis: Fortress Press, 2015), pp. 499-500.

En cualquier situación dada pueden existir toda clase de buenas razones por las cuales no nos sentimos gozosos. Pero siempre tenemos una razón para regocijarnos, la cual sobrepasa todo lo demás, y esa razón es Jesús. Quizá no le digas a tu hijo que deje de sentir hambre. Pero tal vez le digas: "Prepárate un emparedado". Si tienes hambre, date un buen banquete. Si te hace falta gozo, date un banquete con *alguien* absolutamente bueno: Jesús.

Durante muchos años empecé mi día con un desayuno de cereal con leche y una pizca de azúcar. Me di cuenta de que a media mañana volvía a tener hambre. ¡Hora de una galleta! El azúcar te hace sentir lleno, pero la sensación no tarda en desaparecer. Hace poco cambié a gachas o avena. La avena libera su energía lentamente, de modo que mis gachas de la mañana me alcanzan sin dificultad hasta el almuerzo para no sentir retortijones de hambre. Muchos escogemos soluciones rápidas como fuentes de gozo. Buscamos gozo en el estatus social, en las posesiones, en el romance, en una carrera, en el sexo o en las festividades. Esos son como bocadillos azucarados. Te llenan rápido, pero la sensación no es duradera. Entre tanto, Jesús dice: "Yo soy el pan de vida; el que a mí viene, nunca tendrá hambre; y el que en mi cree, no tendrá sed jamás" (Juan 6:35).

Dios no creó el mundo porque necesitaba amor o quería recibir ánimo. Él es el Dios trino que vive eternamente en una comunidad de amor y de mutuo deleite. Padre, Hijo y Espíritu Santo tienen todo el gozo que podrían desear y en una forma muchísimo más rica y pura de lo que nosotros podríamos proveer jamás. Entonces ¿por qué creó Dios el mundo si no tenía que hacerlo? La respuesta es gracia, una gracia inmerecida y libre. "Debió crearnos no para *recibir* gozo, sino para *darlo*".[4]

EL LIBRO DEL OBSERVADOR DE DIOS

Ella me sonrió. Fue una sonrisa que dijo: "Sé que tienes buenas

---

4. Timothy Keller, *King's Cross: The Story of the World in the Life of Jesus* (Londres: Hodder & Stoughton, 2011), pp. 9-10. Publicado en español por Andamio con el título *La cruz del Rey: La historia del mundo en la vida de Jesús*.

intenciones, pero ya he oído esto cientos de veces". Ella se refería a las luchas que supone el hecho de servir como mujer soltera en un pequeño equipo de plantación de iglesias. Una familia estaba de viaje; la otra, enferma; y ella había tenido una semana muy solitaria. Entonces le dije que cuando las cosas se ponen difíciles, siempre podemos acudir a Cristo. "Siempre podemos encontrar gozo en Cristo, y nuestras circunstancias no cambian eso". Ella sonrió.

Quizá puedas ver los beneficios que traería a tu vida el hecho de encontrar el gozo. Quizá estés de acuerdo con la noción de que el gozo se encuentra en Dios. Sin embargo, parece algo muy teórico. El gozo en Dios parece un prospecto lejano. En la nueva creación vamos a experimentar gozo en Dios porque lo veremos cara a cara. Pero entre tanto, una experiencia de Dios parece una idea nada más y el gozo una realidad esquiva. ¿Cómo funciona en la realidad vivir una experiencia cotidiana del Dios vivo?

Yo crecí con la serie de libros "del observador": *El libro del observador de las flores silvestres, El libro del observador de las mariposas, El libro del observador de la geología.* Cada libro incluía una lista de las principales variaciones del tema para que el lector, o el observador, pudieran reconocerlas. La edición rústica en formato postal fue parte de la era dorada del diseño británico. En total fueron cien libros de la serie, la cual incluía todo desde canales, pasando por armas de fuego, hasta la ópera.

Todavía tengo mi ejemplar de *El libro del observador de aves*, escrito por Vere Benson de "La liga de amantes de las aves". La primera ave es una urraca. "Esta hermosa ave se distingue fácilmente por su brillante plumaje blanco y negro, y su larga cola". Equipado con mi libro del observador y un par de binoculares, salí al campo a identificar la vida silvestre alada de North Downs en el sur de Inglaterra.

De manera similar, este libro es "El libro del observador" de Dios. El libro identifica las principales maneras como Dios interactúa con nosotros cada día. No describe experiencias espirituales asombrosas que parezcan ajenas a tu experiencia. No insiste en disciplinas espirituales que necesites dominar ni dones espirituales que debas "reclamar". No es un libro acerca de lo que necesites lograr. Es acerca de lo que Dios ya ha logrado en Cristo. Es un libro acerca de la gracia, acerca de cómo Dios en su bondad nos invita a participar del deleite del Padre en el Hijo y del Hijo en el Padre por medio del Espíritu Santo. Es una guía de observación de todas aquellas formas muy cotidianas en las cuales esto sucede a diario.

Relacionarse con cada persona de la Trinidad implica abrir nuestros ojos a la obra de cada una en nuestra vida diaria. Se trata de un acto de fe. Cuando me siento a saborear una deliciosa comida, es fácil atribuir esta provisión a mi supermercado local o a las maravillosas destrezas culinarias de mi esposa. Y por supuesto, ambas son explicaciones verdaderas. Pero la fe reconoce que mi comida es más que eso. La fe la ve como un regalo de mi Padre celestial. ¿Qué podemos decir de las malas noticias? Es fácil abordar las malas noticias como un desastre. No obstante, la fe reconoce que es parte del plan de mi Padre para hacerme más semejante a su Hijo. Así que la fe me faculta para responder a Dios Padre, a ofrecer una oración de acción de gracias por la comida, o para aceptar los problemas como medios que mi Padre utiliza para transformar mi corazón. Así lo expresa el teólogo francés y reformador Juan Calvino:

> *Por tanto, todo cuanto nos aconteciere conforme a lo que deseamos, lo atribuiremos a Dios, sea que recibamos el beneficio y la merced por medio de los hombres, o de las criaturas inanimadas. Pues hemos de pensar en nuestro corazón: sin duda alguna el Señor es quien ha inclinado la voluntad de estos a que me amen, y ha hecho que fueran instrumentos de su benignidad hacia mí.*[5]

Mi esposa y yo tenemos una parcela. Una parcela es una extraña institución británica en la que las personas pueden alquilar una

5. Juan Calvino, *Institución de la religión cristiana.* (Rijswijk: FELIRE, 1999), 1.17.7.

porción de tierra para cultivar verduras. Hace poco estaba en mi parcela esperando la entrega de un cobertizo que había comprado. El conductor que hizo la entrega debía llamarme para confirmar la hora de llegada. Pasó el tiempo y no recibí ninguna llamada. Entonces revisé mi teléfono. Se había quedado sin batería. Eso me puso en un dilema. ¿Debía quedarme en caso de que el cobertizo llegara o irme a casa para conectar el teléfono y enterarme de lo que estaba sucediendo? Ninguna opción parecía favorable. Me dirigí hacia mi auto. Entonces cambié de parecer. De pie frente a mi auto lancé un gemido de frustración.

En ese preciso momento apareció el conductor de la entrega. Descargamos el cobertizo juntos mientras conversábamos alegremente. Entonces, mientras cargaba un pedazo del cobertizo hacia la parcela, aparecieron dos milanos rojos; me refiero al ave rapaz. Era la primera vez que había visto milanos sobrevolar en nuestra ciudad.

Un cobertizo entregado y dos aves en el cielo. ¿Y qué? Nada especial. Pero veamos la escena con los ojos de la fe. Mientras caminaba de regreso al cobertizo, sentí una poderosa impresión de la bondad de Dios. Desearía poder decir que fue una respuesta de Dios a mi oración. Pero yo no había orado. Simplemente había estado malhumorado. Ahora sentía como si Dios me dijera: *¡En mi amor te he concedido la petición que no me hiciste! Ah, y de paso, aquí están los dos milanos para darte gusto.* Tuve que reír. Fue el más amoroso reproche.

El Salmo 139:5 dice: "Detrás y delante me rodeaste". A veces le pedimos a Dios que esté presente o que actúe en alguna manera. Pero lo cierto es que todo el tiempo Dios nos rodea, por detrás y por delante de nosotros. Es como si no pudiéramos movernos sin tropezar con Él. Lo que necesitamos realmente es ojos para ver y oídos para oír. Eso es lo que se propone hacer este libro por ti.

PUESTA EN PRÁCTICA

Cada vez que estés solo esta semana, empieza una conversación con tu Padre celestial. Puede que esto signifique apagar la radio del auto o quitarte los audífonos. O puede que signifique ponerte los audífonos para no distraerte con las conversaciones en el autobús. Si tienes la costumbre de hablar contigo mismo, este ejercicio no te resultará difícil; nada más dirige a Dios ese monólogo deliberado.

No importa lo que digas. Nada más habla acerca de lo que piensas. Habla acerca del día que viene o del día que pasó. Habla acerca de las cosas que te emocionan o que te fastidian. Cuéntale a Dios acerca de lo que sueñas despierto. El objetivo es reforzar la idea de que tenemos una relación bidireccional con Dios. En cualquier hora y en cualquier lugar podemos relacionarnos con Dios.

ACCIÓN

Cada vez que estés solo esta semana, empieza una conversación con tu Padre celestial en la que le hablas acerca de cualquier cosa que tengas en mente.

PREGUNTAS PARA REFLEXIONAR

- El capítulo anterior terminó con un reto a orar al Padre, al Hijo y al Espíritu. ¿Cómo has progresado con eso?
- ¿Te agrada Dios? ¿Te parece que es una pregunta extraña?
- ¿Cómo te ha ayudado el hecho de gozar de Dios a vencer la tentación o a soportar el sufrimiento? ¿Cómo ha vigorizado esto tu servicio, tu testimonio y tus sacrificios?
- La Biblia nos manda regocijarnos. Pero ¿cómo puede el gozo ser algo que se nos ordena tener?
- ¿Qué podría significar para ti procurar el gozo de Cristo en los demás (como hizo Pablo)?
- ¿Has notado que Dios obra en tu vida en las últimas 24 horas?

EN CADA PLACER PODEMOS GOZAR DE LA GENEROSIDAD DEL PADRE

Dios nos ha perdonado, redimido y justificado por medio de Cristo. Pero ¿es esto suficiente?

Tal vez sea suficiente para ti. Después de todo, ¡eso es maravilloso! Pero no es suficiente para Dios. Él quiere más para nosotros y más de nosotros.

Si eso fuera todo lo que el Padre hubiera hecho, ¿cómo nos relacionaríamos con Él? Supongo que estaríamos eternamente agradecidos. Supongo que le serviríamos cumplidamente. Pero eso no crearía intimidad alguna. Tal vez así te sientas respecto a Dios Padre. Lo honras, pero en realidad no lo amas, no con un afecto real. No gozas de Él.

Pero escucha lo que dice Pablo:

> *En amor [Dios Padre] habiéndonos predestinado para ser adoptados hijos suyos por medio de Jesucristo, según el puro afecto de su voluntad (Efesios 1:5).*

Antes éramos "hijos de desobediencia" e "hijos de ira" (Efesios 2:2-3). Pero ahora somos hijos e hijas de Dios. Somos una familia. Somos amados. "En amor habiéndonos predestinado para ser adoptados", dice Pablo. "Predestinado" significa simplemente "escogido". Fuimos escogidos *en* amor, *por* amor. "Mirad cuál amor nos ha dado el Padre, para que seamos llamados hijos de Dios" (1 Juan 3:1). El escritor J. I. Packer dice:

> *La adopción… es el privilegio más grande que ofrece el evangelio: incluso mayor que la justificación… en la adopción Dios nos acoge en su familia y fraternidad, nos establece como hijos y herederos suyos. La cercanía, el afecto y la generosidad son la esencia de la relación. Estar a paz y salvo con Dios el Juez es algo grandioso, pero ser amado y cuidado por Dios el Padre lo es mucho más".*[6]

TODO EMPIEZA CON AMOR

Es posible que creas todo esto, pero todavía tengas la idea de Dios como "el Padre reticente" al cual tienes que conquistar por medio de Jesús. Me pregunto si la idea subyacente es que con frecuencia Dios está disgustado contigo, e incluso que sospecha de ti. Te das cuenta de que no vives como deberías y te preguntas si Dios te ama realmente. Quizá pienses que Dios te extiende su gracia porque eso es lo que se supone que Dios hace, pero das por hecho que esto no le inspira a Él ningún deleite, placer ni afecto. En el mejor de los casos, te tolera. Pero con mayor frecuencia se siente decepcionado contigo. John Owen dice que algunos creyentes "temen abrigar pensamientos positivos acerca de Dios"[7].

Sin embargo, el Padre nos escogió "antes de la fundación del mundo". "En amor [Dios Padre] habiéndonos predestinado para ser adoptados" (Efesios 1:4-5). *Todo empieza con el amor del Padre.* El Padre no es reticente. Más bien lo contrario: todo empieza con su amor.

---

6. J. I. Packer, *Knowing God* (Hodder & Stoughton, 1973), pp. 206-207. Publicado en español por Vida con el título *El conocimiento del Dios santo.*

7. John Owen, "Communion with God" en *Works*, vol. 2, p. 35.

AMADOS EN CRISTO

Y esto se pone mejor. Efesios 1:5 dice: "nos predestinó para adopción como hijos para sí *mediante Jesucristo*" (NBLA). Dios Padre se relaciona con nosotros *en Cristo.* El versículo 6 dice que el Padre "gratuitamente ha impartido [su gracia de adopción] *en el Amado*" (NBLA). Nosotros estamos en su Hijo. El Padre ama a su Hijo y ahora Él nos ama en su Hijo. En otras palabras, el Padre nos ama con el mismo amor que Él tiene por su propio Hijo.

¿Cuándo se convirtió Dios en Padre? ¡Esa es una pregunta engañosa! Él siempre ha sido un Padre. Pablo empieza en el versículo 3 con alabanza al "Dios y Padre de nuestro Señor Jesucristo". De modo que Dios nos es *como* un padre. Él *es* un Padre. Cuando decimos "Dios es una roca", usamos una metáfora. Hay ciertas características de las rocas que son similares a algunos rasgos de Dios (los dos son un fundamento sólido). Sin embargo, Dios no es un pedazo de piedra inanimado. No es lo mismo cuando hablamos de Dios como Padre. "Padre" no es una metáfora. No estamos diciendo que Dios es un poco similar a los padres humanos. Desde la eternidad Dios es Padre porque desde la eternidad Él tiene un Hijo. Dios es el modelo de la verdadera paternidad. Esto es realmente importante para algunas personas. Puede ser que tu experiencia con tu padre terrenal sea una combinación de experiencias diversas: tal vez fue distante, áspero o incluso maltratador, o simplemente estuvo ausente. Pero Dios no es así. Dios es el Padre amoroso que siempre deseaste tener.

Los cristianos se refieren al Hijo como "unigénito del Padre desde la eternidad". No hubo un momento en el tiempo en el que el Padre haya creado al Hijo. El Padre eternamente da vida al Hijo y eternamente ama al Hijo. Así como el sol emite constantemente luz y calor, la vida y el amor irradian constantemente del Padre al Hijo. Y ahora nos irradian a nosotros. ¡Nuestra función consiste en bañarnos en el sol del amor del Padre! Cierra tus ojos, siéntate cómodamente en tu silla y siente la calidez de su amor sobre tu piel.

EL PADRE SE COMPLACE CONTIGO

El Padre se complace en adoptarnos. Tú eres objeto del beneplácito de Dios. Pablo dice que nuestra adopción fue "según el puro afecto de su voluntad" (Efesios 1:5). El puritano Richard Sibbes dice: "Qué consuelo nos da esto, que viendo el amor de Dios que descansa en Cristo y cómo se deleita en Él, ¡nosotros podamos deducir que Él se deleita igualmente en nosotros cuando estamos en Cristo!".[8] Si estás en Cristo, Dios se complacerá siempre en ti. Él te ve y sonríe complacido.

En los juegos olímpicos de 2012, el nadador sudafricano Chad le Clos ganó una medalla de oro. Su padre, Bert le Clos, concedió una famosa entrevista después del evento. Su gozo era incontenible. "Miren a mi chico, qué hermoso es", decía una y otra vez. Dios Padre nos ha creado para Él poder decirnos: "Este es mi Hijo amado en quien tengo complacencia". Pero más que eso, Dios Padre nos salva para que nosotros podamos ser partícipes de ese amor. En Cristo, Él dice *de nosotros*: "Este es mi Hijo amado en quien tengo complacencia". Él nos adopta en su familia. Él no es solo el Padre de Jesús. Nosotros podemos llamarlo "Padre *nuestro*".

Sofonías 3:17 dice: "El SEÑOR tu Dios está en medio de ti, guerrero victorioso; se gozará en ti con alegría, en Su amor guardará silencio, se regocijará por ti con cantos de júbilo" (NBLA). Dios se regocija por ti con cantos. A medida que leas tu Biblia y que reflexiones sobre tu vida, escucha el eco de la canción del Padre. Observa las manifestaciones de su amor. Regocíjate en ese amor. Recibe ese amor.

John Owen dijo: "La pena y el agobio más grande que puedes causar al Padre, el gesto más cruel que puedes hacerle es...". ¿Cómo terminarías esa frase? ¿No amarlo? ¿No vivir una vida piadosa? ¿No servir a otros? Owen dijo: "De ninguna manera puedes causar más pena y agobio al Padre que con tu crueldad

8. Richard Sibbes, "The Bruised Reed and Smoking Flax" en *Works*, vol. 1 (Edimburgo: Banner of Truth, 1973), pp. 42-43.

de no creer en su amor".[9] Así lo expresa el editor R. J. K. Law: "La pena y el agobio más grande que puedes causar al Padre, el gesto más cruel que puedes tener para con Él es *no creer que Él te ama*".[10]

¿Por qué? Porque todo el plan de salvación tiene como meta tu adopción como hijo amado de Dios. Dios envió a su Hijo, condenó a su Hijo y abandonó a su Hijo en la cruz para que tú pudieras acercarte, para que tú pudieras ser su hijo. Dudar de su amor, rechazar su familia, tomar distancia, es la mayor falta de amabilidad que puedes manifestar hacia Dios.

La forma primordial como tienes comunión con el Padre es creyendo que Él te ama.

UN MUNDO QUE TIENE UN PADRE

¿Qué significa esto en el día a día? Piensa en lo que sucedió la semana pasada y en todas las cosas buenas que disfrutaste: la comida, los logros, la familia, el entretenimiento. Piensa en la belleza, las risas, las lágrimas, el amor. Todas estas son muestras del cuidado de tu Padre. Una forma de relacionarse con el Padre, una forma de poder gozar de Él, es considerar estas cosas como regalos.

En Lucas 12, Jesús nos invita a no preocuparnos:

> 22 *Dijo luego a sus discípulos: Por tanto os digo: No os afanéis por vuestra vida, qué comeréis; ni por el cuerpo, qué vestiréis.*
> 23 *La vida es más que la comida, y el cuerpo que el vestido.*
> 24 *Considerad los cuervos, que ni siembran, ni siegan; que ni tienen despensa, ni granero, y Dios los alimenta. ¿No valéis vosotros mucho más que las aves?*
> 25 *¿Y quién de vosotros podrá con afanarse añadir a su estatura un codo?*
> 26 *Pues si no podéis ni aun lo que es menos, ¿por qué os afanáis por lo demás?*
> 27 *Considerad los lirios, cómo crecen; no trabajan, ni hilan; mas*

9. John Owen, "Communion with God" en *Works*, vol. 2, p. 21, adaptación.

10. John Owen, *Communion with God*, abreviado por R. J. K. Law (Edimburgo: Banner of Truth, 1991), p. 13, cursivas añadidas.

> *os digo, que ni aun Salomón con toda su gloria se vistió como uno de ellos. [28] Y si así viste Dios la hierba que hoy está en el campo, y mañana es echada al horno, ¿cuánto más a vosotros, hombres de poca fe? [29] Vosotros, pues, no os preocupéis por lo que habéis de comer, ni por lo que habéis de beber, ni estéis en ansiosa inquietud. [30] Porque todas estas cosas buscan las gentes del mundo; pero vuestro Padre sabe que tenéis necesidad de estas cosas. [31] Mas buscad el reino de Dios, y todas estas cosas os serán añadidas (Lucas 12:22-31).*

En dos ocasiones, Jesús nos invita a "considerar" el mundo a nuestro alrededor. Debemos considerar los cuervos (v. 24) y debemos considerar las flores silvestres (v. 27). El punto es claro: no tenemos que preocuparnos, porque el mundo abunda en evidencias del cuidado cercano de nuestro Padre. *Vivimos en un mundo que tiene un Padre.*

Una de las características de la cultura moderna es que las personas solo ven causas naturales. Nos resulta difícil imaginar algo más allá del mundo que nos rodea. Es como si miráramos una fotografía y solo viéramos lo que está dentro del marco. Hemos perdido la capacidad de reconocer la mano del artista. Se ignora cualquier causa que esté por fuera del marco.[11] Al insistir en que a veces Dios aparece en el cuadro haciendo milagros, en realidad los cristianos damos por sentado que estamos confinados a ese marco, que el mundo está lleno de causas naturales con causas milagrosas esporádicas nada más. Afirmamos así que Dios solo rara vez hace apariciones fugaces en nuestra vida.

Sin embargo, la realidad es que *todo* es un acto de Dios. A veces Dios actúa directamente (en lo que llamamos milagros) y a veces actúa indirectamente por medio de causas intermedias (lo que llamamos causas naturales). Sin embargo, nuestro Padre celestial obra en todas partes. El cartero que entrega una carta de aliento es un agente de Dios, aun cuando sea él, sin saberlo,

11. Ver Charles Taylor, *La era secular* (Barcelona: Editorial Gedisa, 2015).

un agente de Dios. El granjero, el molinero, el panadero, el tendero, o sus equivalentes industriales, son agentes de la bondad de Dios, son usados por Dios para darnos el regalo del alimento.

Vivir dentro del marco significa que solo en raras ocasiones vemos a Dios obrando porque solo lo vemos en lo extraordinario. Pero quita el marco, y el mundo se ilumina de repente. De repente, la generosidad divina puede verse ahora por doquier. Escucha cómo Ruth, el personaje central de *Vida hogareña*, la novela de Marilynne Robinson, describe el cuidado que prodigó su abuela a las tres hijas tras la muerte repentina de su padre:

> *Ella siempre había conocido mil maneras de envolverlas por entero con algo que debe de haber sido parecido a la gracia. Se sabía mil canciones. Su pan era tierno y su mermelada amarga, y los días de lluvia preparaba galletas y compota de manzana. En verano ponía rosas en un jarrón sobre el piano, rosas inmensas y de olor penetrante, y cuando las flores se marchitaban y los pétalos caían, las guardaba en un alto jarrón chino con clavo, tomillo y ramitas de canela. Sus hijas dormían en sábanas almidonadas bajo capas de colchas y por las mañanas sus cortinas henchían de luz del mismo modo que las velas de un barco se hinchan de viento.*[12]

Dios tiene mil maneras de envolvernos con su gracia (y eso incluye el cuidado de una abuela).

Ves los pájaros y te alegras con su canto. ¿Cuál es la explicación? ¿Cómo lo ves? Hay toda clase de explicaciones naturales: impulsos evolutivos, instintos naturales, protección territorial. Jesús nos invita a ver la participación íntima de Dios, nos invita a ver un mundo que tiene un Padre. Ves las flores. Son muy hermosas. Y, sin embargo, hoy están y mañana desaparecen (Lucas 12:48). ¡Esto es arte desechable del más alto nivel! ¿Cuál es la explicación? ¿Qué ves tú? Existen toda clase de explicaciones

12. Marilynne Robinson, *Housekeeping* (Londres: Faber, 1981, 2005), pp. 11-12. Publicado en español por Galaxia con el título *Vida hogareña*.

naturales: semillas, genética, fotosíntesis. Jesús nos invita a ver la participación íntima de Dios, nos invita a ver un mundo que tiene un Padre. Charles Spurgeon, un predicador del siglo XIX, dice:

> *¡Con cuánta frecuencia le gustaba a Lutero hablar acerca de los pájaros, y de la manera en que Dios cuida de ellos! Cuando estaba lleno de sus ansiedades, solía envidiar constantemente a los pájaros porque llevaban una vida tan libre y feliz. Lutero habla del "doctor Gorrión" y del "doctor Zorzal", y de otros pájaros que solían acercarse y hablar con el "doctor Lutero", y decirle muchas cosas buenas. Ustedes saben, hermanos, que a las aves del cielo, cuidadas por Dios, les va mejor que a las personas cuidadas por el hombre".*[13]

La mentira de la serpiente del huerto de Edén fue que Dios es un Padre indiferente y que nosotros deberíamos andar por nuestra cuenta y arreglárnoslas para salir adelante. Satanás no cuestionó la existencia ni el poder de Dios. La mentira fue que a Dios no le importa. Toda la evidencia apunta a lo contrario. Dios había puesto a Adán y a Eva en un lugar de seguridad y de abundancia, y les había dado el fruto de cada árbol, salvo uno solo. Su provisión fue completa. Con todo, la humanidad creyó la mentira de que Dios es distante e indiferente. Todavía lo creemos. Hasta el día de hoy, dice Jesús, nuestro problema es nuestra falta de fe (v. 28). No creemos que a Dios le importe. Creemos que es distante. Vemos a este mundo como si fuera huérfano.

Imagina a un niño pequeño que tiene una pesadilla. Los monstruos se acercan y están a punto de abalanzarse sobre él. Entonces el niño se da cuenta de que alguien lo sacude. Abre sus ojos y ve el rostro angustiado de su padre. De repente todo está bien y puede volver a sonreír. Nuestro problema es que con frecuencia pensamos que las amenazas en nuestra vida son una

---

13. Charles H. Spurgeon, "La oración, el remedio para la ansiedad", sermón no. 2351 de *El púlpito del Tabernáculo Metropolitano*, predicado la noche del jueves 12 de enero de 1888, en el Tabernáculo Metropolitano, Newington, Londres.

realidad y que las promesas de Dios son como un mundo de sueños. Pero muchas amenazas que enfrentamos son un sueño nada más. Representamos en nuestra mente los "qué si..." o "tal vez...", imaginando toda clase de posibilidades aterradoras. Pero no son reales. Solo existen en nuestra imaginación. Existen otros problemas que son demasiado reales. Pero no son *toda* la verdad. Es preciso que la Palabra de Dios nos sacuda para que salgamos del mundo de los sueños en el que Dios está ausente, y volver al mundo real, el mundo que tiene un Padre. Necesitamos abrir los ojos de la fe y ver la sonrisa de nuestro Padre celestial.

John Owen nos anima a usar nuestra imaginación. Nos pide representar en nuestra mente todo aquello que tenga "una naturaleza tierna y amorosa en el mundo", y luego imaginarlo libre de toda imperfección. De ese modo empezamos a formarnos una imagen del amor del Padre. "Él es un padre, una madre, un pastor, una gallina que cuida sus polluelos". Todos estos sirven como indicios de la fuente del amor que es el amor del Padre.[14]

NUESTRA RESPUESTA: RECIBIR LAS BENDICIONES COMO REGALO DE ÉL

Este mundo es un lugar mágico. El veredicto de Dios acerca de este mundo fue: "Y vio Dios todo lo que había hecho, y he aquí que era bueno *en gran manera*" (Génesis 1:31). Este es un mundo lleno de maravillas. Vivimos en un mundo de robles, de miles de variedades de arroz, de las novelas de Jane Austen, de luces de neón, de participios pasados, de sondas espaciales, de caracoles, de curry. Escoge lo que sea, lo que sea, ¡y tendrás en tu mano algo maravilloso!

Piensa en un vaso de agua. La cosa más simple, y aun así la vida depende de ello. Bebemos agua. Nos lavamos con agua. Nadamos en agua. Jugamos con agua. Podemos tener batallas de agua. Vivimos en un mundo de pistolas de agua. ¿Por qué? Solo para poder divertirnos. Y llueve sobre nuestra cabeza. Vivimos

14. John Owen, "Communion with God" en *Works*, vol. 2, p. 22.

en un mundo en el cual el agua cae del cielo así no más. ¿No te parece la cosa más extraordinaria? No te quejes por un día de lluvia. ¿Quién de nosotros habría diseñado un mundo en el cual el agua caiga del cielo?

No existe razón alguna para aburrirse jamás, no en el mundo *de Dios.* Vivimos en un mundo con una superabundancia de belleza, una extravagancia de belleza.

Piensa en una hoja. Cada hoja es única. Dios pudo haber hecho un mundo en el que cada hoja fuera la misma. Eso le habría ahorrado muchas molestias. Podría haber creado un mundo en el que las hojas fueran como tazas de plástico, sacadas de un mismo diseño de molde. Pero cada hoja está hecha a mano. Y cada hoja es una cosa de belleza primorosa. La forma como las nervaduras serpentean bajo la superficie cuando las miras en contraluz. Más aún, cada año la mitad de las hojas se transforma de un verde traslúcido a una gama infinita de rojos, marrones y amarillos. ¡Y piensa ahora en un bosque! Hay millones de hojas, cada una es única y cada una es una cosa bella. Si visitas el bosque de tu localidad y trataras de apreciar cada hoja, te tomaría una vida entera. Y, aun así, cada primavera Dios reinicia el proceso. Él se dice a Sí mismo: *Eso fue grandioso. Hagámoslo otra vez.*

Cada hoja es diferente. Cada copo de nieve es diferente. Cada huella digital es diferente. Dios pinta espirales en cada huella digital y cada una es única. ¿Por qué? No tiene sentido. Gran parte de la belleza pasa desapercibida, inadvertida y nadie la aprecia. Excepto Dios. Él lo hace por su propio deleite y para su propia gloria. Dios la pasa en grande. En Proverbios 8:30-31, la sabiduría habla como si fuera una persona. Es Jesús, nuestra verdadera Sabiduría. Jesús dice que cuando Dios estaba creando el mundo: "Con él estaba yo ordenándolo todo, y era su delicia de día en día, teniendo solaz delante de él en todo tiempo. Me regocijo en la parte habitable de su tierra; y mis delicias son con los hijos de los hombres". Sus días están llenos de deleite mientras se solaza en la belleza de cada hoja y de cada vida.

En el libro *Charlie y la fábrica de chocolate*, Willy Wonka entrega cinco boletos para que cinco afortunados ganadores puedan entrar a su asombrosa fábrica de chocolate. Dios ha entregado por lo menos siete billones de boletos dorados, y tú eres uno de los afortunados ganadores. Has sido elegido para entrar en el mundo asombroso de Dios.

- Un mundo donde el agua cae del cielo.
- Un mundo donde las hormigas construyen montañas.
- Un mundo donde el agua se derrite, gotea, se congela otra vez y forma témpanos; ¡genial!
- Un mundo con polos magnéticos para que las brújulas señalen el norte.
- Un mundo en el que una cuerda suena con una nota y luego, cuando reduces a la mitad la longitud de la cuerda, suena la misma nota en una octava más alta; ¿quién podía imaginarlo?
- Un mundo en el que puedes lanzar rocas sobre la superficie del agua, ¡es mágico!
- Un mundo de juegos de palabras, rimas, ritmo y aliteración, un mundo en el que las palabras son divertidas.
- Un mundo en el que la música puede hacerte llorar.

No hay razón alguna para aburrirse en el mundo *de Dios*.

LA GRATITUD NOS ACERCA A DIOS

David es un oficial del ejército que a veces se encuentra en despliegue o ejercicio. Cuando está lejos, con frecuencia le envía flores a Susana, su esposa, como muestra de su amor. Sería impensable que Susana se quejara de David por su falta de cuidado y, en cambio, alabara al florista que le entrega las flores. Dios se sirve de diferentes medios para entregarnos sus regalos. Y es justo que agradezcamos a quienes son generosos con nosotros (así como Susana agradece al florista que le entrega las flores). Pero Dios es el Dador supremo de todo. Y no deberíamos alabar los medios mientras pensamos que Dios es distante o indiferente.

Dar gracias es un acto poderoso. A todos nos resulta muy fácil enfocamos en lo que falta y sentirnos insatisfechos. Miles de anuncios publicitarios están diseñados para reforzar ese sentimiento para que compremos los productos que ofrecen. Por otro lado, la gratitud reorienta nuestros pensamientos para alejarlos de las minucias que nos faltan y dirigirnos hacia las asombrosas bendiciones que ya poseemos. Los rayos del sol, el canto de los pájaros y la amistad están ahí esperando que las disfrutemos, que las apreciemos, y ninguna exige un pago de nuestra parte. Y eso es sin que empecemos a contar las bendiciones que nos pertenecen como hijos de Dios. La llave que abre este tesoro de gozo es la gratitud.

Más importante aún, la gratitud nos permite levantar los ojos para dejar de ver únicamente el regalo y ver al Dador del regalo. En otras palabras, la gratitud nos lleva de regreso a Dios. Jesús encontró una vez diez leprosos que clamaron a Él pidiéndole misericordia. Jesús los envió al sacerdote, la persona que podía certificar que habían sido limpiados (Lucas 17:11-19). Mientras iban de camino fueron sanados. Uno de ellos regresó a Jesús, se arrojó a sus pies y le dio gracias. Al final de la historia, los diez leprosos dejaron de ser leprosos. Pero solo uno estaba con Jesús. Solo uno estaba disfrutando de la comunión con Jesús. Y lo que lo trajo de vuelta a Jesús fue la gratitud. Puede ser que la gratitud no afecte nuestra ubicación física. Pero nos acerca a Dios, el Dador supremo.

PUESTA EN PRÁCTICA

"Todas las cosas que disfrutamos —dice Juan Calvino—, son escaleras que nos permiten ascender más cerca de Dios". "Dios —dice—, por medio de sus beneficios, nos atrae suavemente hacia Él, dándonos un anticipo de su dulzura de Padre". Sin embargo, Calvino también nos advierte: "No hay nada en lo que caigamos con mayor facilidad que en el olvido de Él, especialmente cuando gozamos de paz y comodidad".[15]

Recuerda la semana pasada y todas las cosas buenas que disfrutaste. Identifica cinco cosas por las cuales dar gracias. Un número específico te ayuda a pensar de manera más deliberada en las formas como Dios te ha manifestado su bondad. Imagina que recibes cada una en tus manos como un regalo de tu Padre celestial. Una manera de relacionarnos con el Padre es recibir estas cosas como regalos suyos: darle gracias por ellas, recordar respuestas a la oración, contar a otros acerca de cómo Él ha suplido nuestras necesidades, celebrar todo bien como provisión suya.

ACCIÓN

Cada día de esta semana escoge algo que te haga feliz y ora diciendo: "Padre mío, gracias por esto, porque es un hermoso regalo que viene de ti".

UN LUNES POR LA MAÑANA CON MIGUEL Y EMMA

Es lunes por la mañana. El día tuvo un buen comienzo. Todavía animado por la experiencia del día anterior en la iglesia, Miguel se sienta a saborear un emparedado de tocino. Los niños juegan tranquilamente en la habitación del frente. Le lleva a Emma un café para que se lo tome en la cama, y le da un suave beso en la mejilla. Afuera el sol brilla y los pájaros cantan. La vida no podría ser mejor.

Mientras Miguel camina por la calle, dice: "Padre mío, gracias por ese emparedado de tocino. Qué delicia. Esta bella mañana es un regalo maravilloso que me das. Eres muy generoso. Me has dado una iglesia grandiosa y una hermosa familia. Ayúdame a verte obrando a lo largo de mi día. Y gracias por los pájaros. Aun si yo no te alabara, ¡ellos seguirían cantando para tu gloria!".

15. Juan Calvino, *Commentary on the Book of Psalms*, trad. James Anderson (Eerdmans, 1948), comentarios del Salmo 23:1, volumen 1, pp. 390-391, lenguaje actualizado y adaptado.

PREGUNTAS PARA REFLEXIONAR

- El capítulo anterior terminó con el desafío de empezar una conversación con tu Padre celestial en la cual le hablas acerca de cualquier cosa que pase por tu mente. ¿Cómo te pareció esa experiencia?
- ¿De qué manera el hecho de conocer a Jesús cambia nuestra manera de pensar acerca de Dios Padre?
- ¿Qué sucede con nuestras preocupaciones cuando vemos el mundo como un mundo que tiene un Padre? ¿Qué sucede con nuestros placeres?
- ¿Cómo cambiaría tu actitud si pensaras de ti mismo como el ganador de un boleto dorado que te da acceso a un mundo lleno de maravillas?
- Piensa en una cosa en el mundo que te deje maravillado.

EN CADA ADVERSIDAD PODEMOS GOZAR DE LA FORMACIÓN DEL PADRE

Durante diez años, unos amigos míos se han preparado para liderar un equipo de plantación de iglesias en una de las regiones del mundo donde menos se han alcanzado almas para el evangelio. Luego, un día, llegaron a un consultorio médico para recibir la noticia de que su hijo por nacer tenía una grave anomalía y sufría una discapacidad. En ese momento, todos sus planes quedaron deshechos. Esos planes no buscaban obtener riquezas ni seguridad. Ellos se habían propuesto ir a una peligrosa región del mundo para servir a Cristo en el frente. Pero ya no. "No me preocupa tener un hijo con discapacidad —me dijo el padre—. Pero me partirá el corazón despedir a los demás miembros del equipo mientras nosotros nos quedamos aquí".

¿Qué está haciendo Dios? Es fácil ver cómo las cosas buenas de la vida pueden ser oportunidades para gozar de Dios. Pero ¿qué de las adversidades? ¿Qué de los embotellamientos de tráfico? ¿Qué de los bebés que gritan? ¿Qué de las enfermedades crónicas? ¿Qué de las noches de insomnio? ¿Qué de los jefes descabellados? ¿Qué del conflicto personal? ¿Qué de las promesas rotas? ¿Qué de los vecinos fastidiosos? ¿Qué de las esperanzas frustradas?

He aquí la respuesta del autor de Hebreos:

> [5] *Y habéis ya olvidado la exhortación que como a hijos se os dirige, diciendo:*
> *Hijo mío, no menosprecies la disciplina del Señor,*
> *Ni desmayes cuando eres reprendido por él;*
> [6] *Porque el Señor al que ama, disciplina,*
> *Y azota a todo el que recibe por hijo.*
> [7] *Si soportáis la disciplina, Dios os trata como a hijos; porque ¿qué hijo es aquel a quien el padre no disciplina?* [8] *Pero si se os deja sin disciplina, de la cual todos han sido participantes, entonces sois bastardos, y no hijos (Hebreos 12:5-8).*

El autor de Hebreos describe esto como una palabra de "exhortación" (v. 5). Yo creo firmemente que esto es verdad. Considerar la adversidad como la disciplina de Dios es algo revolucionario. Tiene el poder para transformar nuestra actitud frente al sufrimiento.

EN CADA DIFICULTAD PODEMOS GOZAR DEL AMOR DEL PADRE

Hebreos nos comunica una palabra de nuestro Padre (a través de Proverbios 3:11-12). "Porque el Señor al que ama, disciplina, y azota a todo el que recibe por hijo" (Hebreos 12:6). La adversidad no es una señal de que Dios esté disgustado ni que nos haya repudiado. Todo lo contrario. Es una señal de que nos ama y nos acepta como sus hijos. Cristo dice algo similar a la iglesia en Laodicea: "Yo reprendo y castigo a todos los que amo" (Apocalipsis 3:19).

A simple vista, esto podría parecer una afirmación inverosímil. ¿Cómo puede nuestro dolor ser producto del amor de Dios? El autor extrae una comparación con los padres terrenales: "porque ¿qué hijo es aquel a quien el padre no disciplina? Pero si se os deja sin disciplina, de la cual todos han sido participantes, entonces sois bastardos, y no hijos" (Hebreos 12:7-8). La disciplina de los hijos es un trabajo arduo. A veces es más fácil ignorar el mal comportamiento de tu hijo pequeño o dejar que tu hijo adolescente se encierre furioso en su habitación. Como padres humanos, decidimos dejar pasar las cosas de cuando en vez. No queremos una confrontación en el pasillo del supermercado que amargue nuestra comodidad o que arruine nuestra reputación. Pero nosotros sabemos que esa es una actitud egoísta. Somos conscientes de que eso significa sacrificar la educación de nuestros hijos en el largo plazo por nuestra comodidad inmediata. Entiendo que a veces tengamos que elegir nuestras batallas. Pero el punto es claro: a la larga, *la disciplina es un acto de amor.*

Nuestro Padre celestial no es diferente en este aspecto. Él nos ama y, por ende, nos disciplina. Y podemos expresarlo en estos términos: Si el amor conduce a la disciplina, entonces la disciplina es una señal de amor. Ese es el punto de lo que dice el autor de Hebreos: "el Señor al que ama, disciplina" (Hebreos 12:6).

A algunos puede parecernos muy difícil hacer esto, pero si consideramos este mundo como un mundo que tiene un Padre, eso nos faculta para recibir cada adversidad como una señal del amor del Padre. Y eso tiene el poder para convertir un mal día en un buen día. Un mal día se convierte en un día lleno de la disciplina paternal de Dios, y la disciplina paternal de Dios es una señal de amor paternal.

Sin embargo, podemos llevar esto aún más lejos. Este pasaje no sale de la nada. En Hebreos 11, el autor hace una lista de los grandes héroes de la fe del Antiguo Testamento. Y culmina su lista con Jesús, "el autor y consumador de la fe" (12:1-2). La aplicación del autor es la siguiente: "Considerad a aquel que sufrió tal contradicción de pecadores contra sí mismo, para que vuestro ánimo no se canse hasta desmayar" (12:3). Jesús es *el* Hijo. Él es Hijo de Dios por naturaleza, que comparte el ser mismo de Dios Padre. Aun así, Jesús el Hijo divino fue disciplinado. Hebreos 5:8 dice: "Y aunque era Hijo, por lo que padeció aprendió la obediencia". El "autor" de la salvación fue hecho "perfecto por medio de los padecimientos" (2:10, NBLA). No que Jesús tuviera pecado y necesitara ser corregido. Antes bien, al sufrir con nosotros fue *equipado* para ser nuestro mediador. El sufrimiento lo preparó para la obra que tenía que llevar a cabo.

Ahora el autor de Hebreos nos invita a "considerarlo a Él", porque nosotros también somos hijos de Dios. No somos hijos por naturaleza, sino hijos e hijas por adopción. Y nuestro sufrimiento es una señal de que somos hijos como lo es el Hijo, que tenemos una relación con el Padre como la relación que tiene el Hijo con el Padre.

Sujeté a mi hija con fuerza en mis brazos mientras ella peleaba contra mí. En su confusión, ella gritó para protestar. ¿Cómo podía su padre volverse tan malo? Entre tanto, su madre intentaba obligarla a tragar cucharadas de un líquido de mal sabor. Imagina la escena. Es posible que tú mismo te hayas sentido tentado a intervenir para rescatar a esta pobre niña de la crueldad de sus padres. Salvo, por supuesto, que ya hayas comprendido que intentábamos administrarle un medicamento. A través de nuestra aparente crueldad estábamos protegiendo su salud y ayudándola a restablecerse. ¿Qué clase de padre contendría con su hija de ese modo? Un padre lleno de amor.

A veces Dios Padre nos sujeta con fuerza y no nos suelta, nos aprieta tan fuerte que duele. Pero es una manifestación de amor. Con gran paciencia y persistencia, Dios nos despoja de la fiebre de nuestro pecado. El escritor Frederick Leahy dice: "Dios no castiga nuestros pecados en un sentido legal; Él ya lo hizo plenamente en el Calvario. Los castigos que aplica a su pueblo deben entenderse como las correcciones amorosas de un padre misericordioso y bondadoso".[16]

El sufrimiento puede ser un medio de comunión con Dios, de deleite en nuestra relación con Él. Si recibimos las adversidades con una actitud de fe, estas tienen el poder de acercarnos a nuestro Padre celestial. En cada adversidad podemos gozar del amor del Padre.

16. Frederick S. Leahy, *The Hand of God: The Comfort of Having a Sovereign God* (Edimburgo: Banner of Truth, 2006), p. 122.

EN CADA ADVERSIDAD PODEMOS GOZAR DE LA FORMACIÓN DEL PADRE

Dios tiene un propósito con nuestro sufrimiento. Él usa la adversidad para formarnos y hacernos crecer:

> *Por otra parte, tuvimos a nuestros padres terrenales que nos disciplinaban, y los venerábamos. ¿Por qué no obedeceremos mucho mejor al Padre de los espíritus, y viviremos? Y aquéllos, ciertamente por pocos días nos disciplinaban como a ellos les parecía, pero éste para lo que nos es provechoso (Hebreos 12:9-10).*

Una vez más, Hebreos establece un paralelo entre la disciplina humana y la disciplina divina. La disciplina tiene un propósito. Por lo general, disciplinamos a nuestros hijos para que crezcan y maduren. Queremos enseñarles a respetar la autoridad y a considerar a los demás. Dicho está, bajo condiciones normales. Hay ocasiones en las cuales disciplinamos a nuestros hijos porque estamos enojados o fastidiados. ¡Eso, por regla general, no sale muy bien! A veces hacemos nuestro mejor esfuerzo, pero nuestro conocimiento es limitado. Nuestros hijos vienen con sus peleas tontas de quién dijo qué y tenemos que servir de árbitro sin saber realmente lo que sucedió. Pero en principio reconocemos, por lo menos, que la disciplina es para el bien del niño.

Ahora imagina a un Padre perfecto. Un Padre que no depende de relatos de segunda mano para saber lo que pasó en una riña entre hermanos. Un Padre que no solo ve nuestras acciones, sino que conoce nuestros corazones. Un Padre con una paciencia infinita que mide su disciplina con una sabiduría perfecta. ¿Qué podría lograr ese Padre? La respuesta es santidad: "Él nos disciplina para nuestro bien, para que participemos de Su santidad" (Hebreos 12:10, NBLA).

Esto no significa que tengamos que fingir como si las cosas malas fueran buenas. Lo que está mal está mal. Si eres víctima de una injusticia puedes llamar las cosas por su nombre: la injusticia está mal. Si estás luchando con la enfermedad, puedes llamar las cosas por su nombre: la enfermedad es una afrenta en el mundo que Dios creó bueno en el principio. No tenemos que fingir que las cosas malas son agradables. El versículo 11 dice: "Ninguna disciplina al presente parece ser causa de gozo, sino de tristeza". Está bien decir "esto duele". La discapacidad, la pérdida, la decepción, la presión, todo ello es doloroso.

No obstante, en las manos de Dios las cosas malas también están llenas de propósito. El versículo 11 dice, además: "Ninguna disciplina al presente parece ser causa de gozo, sino de tristeza; pero después da fruto apacible de justicia a los que en ella han sido ejercitados". Podemos estar confiados en que Dios usa esto que es malo, aun las intenciones perversas de las personas pecadoras, para su gloria y para nuestro bien. Vemos un ejemplo de esto en la vida de José, a quien sus hermanos celosos vendieron como esclavo. Al ver la traición de ellos en retrospectiva, José pudo decirles: "Vosotros pensasteis mal contra mí, mas Dios lo encaminó a bien, para hacer lo que vemos hoy, para mantener en vida a mucho pueblo" (Génesis 50:20).

La idea de que Dios usa la adversidad para producir santidad plantea una pregunta clave: ¿Sugiere la disciplina de Dios que necesitemos cambiar de dirección o arrepentirnos de un pecado específico? La respuesta es, creo: *a veces, pero no con mucha frecuencia.*

A veces la disciplina de Dios es un llamado al arrepentimiento por un pecado específico. Por ejemplo, algunos miembros de la iglesia de Corinto traían a la iglesia su esnobismo social y menospreciaban a los otros creyentes. Más aún, usaban la cena del Señor, el gran símbolo de unidad cristiana, para reforzar esas divisiones sociales. Cenaban con clase, mientras que los pobres pasaban hambre. Este es el veredicto de Pablo: "Porque el que come y bebe indignamente, sin discernir el cuerpo del Señor, juicio come y bebe para sí. Por lo cual hay muchos enfermos y debilitados entre vosotros, y muchos duermen" (1 Corintios 11:29-30). La enfermedad de ellos es la disciplina que Dios aplica por un pecado específico, y Pablo les hace un llamado a arrepentirse. Así que, algunas veces, Dios nos disciplina para llevarnos al arrepentimiento.

Sin embargo, esa no es la manera en que funciona *normalmente* la disciplina de Dios. Jesús rechaza el presupuesto de que todo sufrimiento esté asociado con un pecado específico (como muestra la sanidad de un hombre ciego en Juan 9). La disciplina de Dios abarca mucho más que la simple corrección. No debemos considerarla como lo que hace un director de escuela que esgrime su vara o asigna culpas.

¿Cómo puedo saber entonces si mi adversidad es una señal de que necesito arrepentirme? La respuesta es que el pecado va a ser un pecado reiterado y evidente. Dios no está esperando y listo para golpearnos cada vez que tropezamos. No es así como funciona la disciplina de un padre amoroso y tampoco la manera en que funciona la disciplina de Dios. Él no está listo para atraparnos. Él obra para nuestro bien. Su objetivo es la santidad. Y Dios no juega a las adivinanzas. El pecado puede enceguecernos, de modo que necesitemos que alguien nos lo señale, como hizo Pablo con los corintios. Pero si necesitamos arrepentirnos de un pecado específico, va a volverse evidente que así es.

Eso significa que no tenemos que enredarnos tratando de interpretar nuestras circunstancias. No tenemos que explicar "eso sucedió por causa de aquello". La mayoría de las veces no podemos hacerlo.

Entonces, ¿cómo funciona por regla general la disciplina de Dios? El autor de Hebreos habla acerca de "ejercitarse" en la disciplina (12:11), y empieza con un ejemplo del mundo deportivo: "despojémonos de todo peso y del pecado que nos asedia, y corramos con paciencia la carrera que tenemos por delante" (Hebreos 12:1). Es imposible correr bien cuando se lleva un abrigo pesado o unos kilos de más en la cintura. Es preciso someterse a un entrenamiento para ponerse en forma. O piensa en un entrenador que prepara a un boxeador para una pelea: lo obliga a levantar pesas, a saltar sin parar, a hacer flexiones, abdominales, a enfrentamientos en el cuadrilátero. Piensa en Rocky haciendo *sprints* en las escaleras del museo de arte de Filadelfia, seguido de una multitud de niños de la localidad. La "disciplina" es, en este sentido, la disciplina de un entrenador deportivo. La disciplina de Dios es como un entrenamiento que nos pone en forma para que podamos pelear la buena batalla y terminar la carrera (1 Timoteo 6:12; 2 Timoteo 4:7).

Hace poco observé cómo un niño de cuatro años trepaba en una estructura de escalada y llegaba hasta la cima, desde donde podía ver al otro lado. Sin embargo, en la cima se detuvo por completo. Quedó bloqueado, tenía demasiado miedo de seguir y fue incapaz de emprender el descenso. Estando allí, gritó a su papá pidiendo ayuda, pero su papá le dijo: "Vas a estar bien". Hubo más gritos. Y más aparente indiferencia parental. Al final, el padre se acercó y se puso de pie detrás de su hijo, listo para atraparlo. Pero todavía rehusaba ayudarle. Al final, su hijo se movió un poco, cambió de posición y por fin logró bajar, ante lo cual su padre exclamó en aprobación. Entonces el niño volvió a repetir la experiencia: trepó, se bloqueó en el mismo punto, volvió a gritar para pedir ayuda, y recibió más exclamaciones de ánimo. En poco tiempo ya lo hacía con presteza y confianza. Al no acudir a rescatar a su hijo, el padre lo obligó a aprender y a ganar confianza. Es posible que el niño, estando arriba paralizado en la estructura de escalada, se haya sentido abandonado por el padre. Pero lo que parecía indiferencia era en realidad un acto premeditado de entrenamiento. A veces la disciplina de Dios funciona de la misma manera. Puede que clamemos pidiendo ayuda o sintamos que Dios es indiferente. Pero la realidad es que Él nos está enseñando a confiar en Él, a profundizar en nuestra piedad y a perfeccionar nuestra fe. Y todo el tiempo Él está ahí listo para atraparnos si caemos.

O piensa en el nuevo empleado a quien se le asigna una serie de tareas con el fin de capacitarlo para su nuevo papel. Quizá reciba alguna instrucción, como reciben los cristianos a través de la predicación de la iglesia. Pero también se le asignan tareas donde puede experimentar todos los desafíos del nuevo cargo. Recuerda que nuestra disciplina como hijos e hijas de Dios se basa en el perfeccionamiento de Jesús Hijo (Hebreos 2:10; 5:8). Para Jesús, la disciplina no significaba corregir lo que estaba mal, sino equiparlo para su papel. De la misma manera, Dios Padre organiza cuidadosamente todas las circunstancias de nuestra vida para equiparnos para confiar en Él y servirle.

¿CÓMO FUE TU DÍA HOY?

Medita en esto por un momento. Rememora tu día. Todo lo que ha sucedido en ese lapso fue orquestado por Dios Padre para tu bien y con el propósito de desarrollar tu santidad. Piensa en las actividades que planeaste y en los sucesos que te tomaron por sorpresa. Piensa en lo que disfrutaste y en lo que salió mal. La tostada que cayó al piso por el lado que tenía mantequilla. La crema dental que cayó en tu suéter limpio. La leche que tu hijo derramó sobre la alfombra. Todo fue parte de su entrenamiento a la medida de tu necesidad. Esta perspectiva cambia por completo la manera en que entendemos cada momento de nuestro día. A veces nos vemos obligados a examinar detenidamente los grandes desafíos que la vida nos lanza: sucesos como una enfermedad crónica, el desempleo o la pérdida de un hijo. Sin embargo, estamos menos acostumbrados a ver los sucesos del día a día como parte del designio de Dios.

Supongamos que llegas a un embotellamiento de tráfico. Es muy fácil desesperarse. Te preocupa llegar tarde a tu cita. Te enoja perder tiempo. Pero ¿qué sucede si te recuerdas a ti mismo: "Dios no ha dejado de dirigir mi vida. Este es su plan. Él ha dispuesto esto pensando en mí. ¿Es esta una oportunidad para aprender algo?, ¿para orar?, ¿es un momento que Dios ha provisto para que yo reflexione acerca de mi vida o medite en su Palabra?". O quizá no puedas identificar un propósito claro en lo que sucede. Pero eso no significa que no exista uno. Basta con que confíes en el cuidado de tu Padre. Basta con que ores: "Padre mío, gracias por esto. Te pido que lo uses para hacerme más como Jesús".

En un pasaje célebre, Pablo dice: "Y sabemos que a los que aman a Dios, todas las cosas les ayudan a bien, esto es, a los que conforme a su propósito son llamados. Porque a los que antes conoció, también los predestinó para que fuesen hechos conformes a la imagen de su Hijo, para que él sea el primogénito entre muchos hermanos" (Romanos 8:28-29). Observa cómo este pasaje nos lleva de vuelta a la realidad de Dios como nuestro Padre y de Jesús como nuestro hermano. Dios usa las dificultades en nuestra vida para transformarnos en la imagen de su Hijo, a fin de que el Hijo pueda tener muchos hermanos que sean partícipes de su experiencia de ser amado por el Padre.

Dios nos disciplina para perfeccionar nuestra fe, para liberarnos de ídolos, para sacudir nuestra autosuficiencia, para mostrar su poder y dirigirnos hacia lo alto. Ante todo, Él nos disciplina para que nos apartemos de las fuentes inservibles de gozo y para que encontremos el verdadero gozo en Él.

PUESTA EN PRÁCTICA

¿Cómo reaccionamos frente a las adversidades en nuestra vida? Hebreos 12:5 nos propone dos maneras como podemos responder: "Hijo mío, no menosprecies la disciplina del Señor, ni desmayes cuando eres reprendido por Él".

1. NO MENOSPRECIES LA DISCIPLINA DEL SEÑOR

Menospreciamos la disciplina de Dios cuando no vemos su mano en nuestra adversidad. Con demasiada frecuencia vemos la adversidad como un problema que hay que resolver, un hecho de la vida que hay que soportar o un desastre sin propósito. Sin embargo, en el versículo 7 dice: "lo que soportan es para su *disciplina*" (NVI). En otras palabras, cuando viene la adversidad, piensa que no solo es adversidad, sino también disciplina. Recíbela como un regalo de Dios. Tómala seriamente como una oportunidad para crecer.

2. NO DESMAYES CUANDO ERES REPRENDIDO POR ÉL

Cuando las cosas se ponen difíciles, es cómodo dar por hecho que Dios nos ha abandonado, que no se interesa por nosotros o que se ha dado por vencido con nosotros. Pero no olvides "la exhortación que como a hijos se os dirige" (v. 5). El autor de Hebreos nos presenta una forma diferente de interpretar la evidencia. Ese bebé que grita, ese jefe malhumorado o esa relación rota son señales de que Dios interviene en nuestra vida. "Porque el Señor al que ama, disciplina, y azota a todo el que recibe por hijo" (v. 6). "Dios os trata como a hijos" (v. 7). La disciplina de Dios en nuestra vida es una señal de que somos "hijos verdaderos" (v. 8, NBLA).

Permíteme añadir una idea más antes de terminar: trata de acompañarme en este experimento de pensamiento. Cierra tus ojos e imagina que te encuentras en el asiento de pasajero de un auto que alguien conduce en condiciones climáticas adversas. Está lloviendo, hay mucho tráfico y está oscuro. Hace unos años, en las mismas condiciones climáticas, patiné en mi auto girando 180 grados y quedé frente a la dirección opuesta. De modo que este pensamiento me produce nervios. ¿Te sientes igual? ¿O te sientes seguro? Por supuesto, la respuesta depende de cuán cuidadoso y competente sea el conductor. Ahora piensa que tu Padre celestial te lleva en sus brazos. Es el viaje de tu vida. A todo lo largo de tu vida estás resguardado en los brazos de tu Padre. Y Él es el conductor más cuidadoso y competente.

Cierra tus ojos de nuevo y regresa a tu auto imaginario que circula bajo la lluvia. Imagina los sonidos a tu alrededor: el rumor de las llantas en contacto con el pavimento, la salpicadura de los otros autos al pasar, o el chillido de los limpiaparabrisas. Imagina que ese ruido es como un capullo que te sirve de refugio, una especie de barrera del mundo. Y luego reemplaza ese ruido con una sensación de la presencia de Dios. Aunque a veces el camino puede parecer accidentado, podemos estar confiados en que Él nos llevará a salvo a la gloria.[17]

17. Para profundizar en los temas de este capítulo, ver Tim Chester, *God's Discipline: A Word of Encouragement in the Midst of Hardship* (Fearn, Ross-shire: Christian Focus, 2018).

ACCIÓN

Esta semana, cada vez que algo sale mal, ora: "Padre mío, gracias por esto. Te pido que lo uses para hacerme más como Jesús".

UN LUNES POR LA MAÑANA CON MIGUEL Y EMMA

Miguel llega a la estación, donde descubre que han cancelado su tren. El doble de pasajeros deja abarrotado el tren siguiente y Miguel se ve obligado a quedarse de pie. Renuncia al plan que tenía de leer su libro. Es evidente que el hombre que está a su lado y lo empuja no tiene idea de lo que es un desodorante. Los 40 minutos que siguen no van a ser divertidos.

Quizá Dios piense que necesito aprender a ser más paciente —piensa Miguel—. *O quizá me da este tiempo adicional para reflexionar en el sermón de ayer.* "Padre —susurra Miguel—, gracias por este tren. No tengo idea cuál sea tu propósito con todo esto. Pero te pido que lo uses para hacerme más como Jesús".

Mientras tanto, Emma está limpiando la leche derramada sobre el piso de la cocina. Samuel y Jairo están peleando por unos zapatos. Y la pequeña Paula… ¿dónde está Paula? Emma mira hacia arriba y ve que la caja de cereal se precipita desde la mesa de la cocina. *¿Cómo puede el día ir tan mal tan rápido?,* piensa ella.

"Pero Dios sigue siendo bueno —se dice a sí misma—. Padre, gracias por mi día, a pesar de que no ha empezado como yo esperaba. Dame la fortaleza para guardar la calma. Y te pido que uses este día para hacerme más como Jesús".

PREGUNTAS PARA REFLEXIONAR

- El capítulo anterior terminó con un desafío a recibir este mundo como un regalo de Dios por medio de la acción de gracias. ¿Cómo has progresado con eso?
- Piensa acerca de la experiencia de disciplina que tuviste con tu padre terrenal. ¿Cómo piensas que esto afecta tu visión de la disciplina de Dios?

- ¿Recuerdas alguna ocasión en la que Dios usó la adversidad para hacerte más como Jesús?
- ¿Cómo se puede expresar menosprecio por la disciplina del Señor? ¿Cómo se evidencia que desmayamos cuando somos reprendidos por Él? ¿Cómo podemos evitar abrigar esas actitudes en nosotros?
- Cuando enfrentamos sufrimiento, por lo general nos preguntamos: "¿Qué voy a hacer?". Sin embargo, toma una dificultad presente y replantea tu pregunta de la siguiente manera: "¿Qué quiere Dios que yo aprenda?" o "¿Cómo quiere Dios que yo cambie?".

EN CADA ORACIÓN PODEMOS GOZAR DE LA BIENVENIDA DEL PADRE

Dios Padre es bondadoso. Pablo dice a los habitantes de Listra que Él "no se dejó a sí mismo sin testimonio, haciendo bien, dándonos lluvias del cielo y tiempos fructíferos, llenando de sustento y de alegría nuestros corazones" (Hechos 14:17). Sin embargo, su bondad para con su pueblo es aún más rica y plena. Él nos ha mostrado "las abundantes riquezas de su gracia en su bondad para con nosotros en Cristo Jesús" (Efesios 2:7).

Para mí, la palabra "bondad" es realmente útil cuando pienso acerca de Dios Padre. "Amor" es una palabra tan amplia que puede abarcar un tipo de cuidado más bien formal. Por ejemplo, podríamos usarla para describir un padre que trabajó duro para proveer para su familia, pero que nunca manifestó interés ni alegría alguna por sus hijos. Tal vez pienses así de Dios Padre. Él es bueno y hace lo correcto. Él te ama en el sentido de proveer lo que necesitas, pero piensas que es distante o indiferente. Si es así, piensa en su bondad. Deja que la palabra despierte tu imaginación. Dios es bondadoso. Él nos muestra su bondad. Incluye la palabra en algunas expresiones que tú usarías. En lugar de decir "Dios ha respondido mi oración", di "mi Padre ha sido bondadoso conmigo al responder mi oración". En lugar de decir "Clara me ayudó mucho el sábado", di "Dios en su bondad me envió a Clara para ayudarme el sábado". Reflexiona cada día en cómo Dios es bondadoso contigo. Y piensa en Jesús como la bondad del Padre encarnada. "Pero cuando se manifestó la bondad de Dios nuestro Salvador" —dice Pablo en Tito 3:4-5—, "nos salvó, no por obras de justicia que nosotros hubiéramos hecho, sino por su misericordia". La bondad del Padre "se manifestó", y esa manifestación es Jesús. Si quieres ver la bondad de Dios, mira la vida y la muerte de Jesús. Esa es la medida de la bondad de Dios. Esa es la bondad divina vestida de carne humana. Esa es su bondad para contigo.

O escucha lo que Dios dice a través del profeta Jeremías:

> *Y me serán por pueblo, y yo seré a ellos por Dios... Y haré con ellos pacto eterno, que no me volveré atrás de hacerles bien, y pondré mi temor en el corazón de ellos, para que no se aparten de mí. Y me alegraré con ellos haciéndoles bien, y los plantaré en esta tierra en verdad, de todo mi corazón y de toda mi alma (Jeremías 32:38-41).*

Nuestro Padre "nunca se volverá atrás de hacernos bien" (aun si la vida no siempre es agradable). Y Él no nos hace bien simplemente porque eso sea parte de su "trabajo". ¡Él se alegrará en hacernos bien! Él lo hace "de todo su corazón y de toda su alma".

Una bondad que nos manifiesta el Padre es recibirnos en su presencia por medio de la oración. Él se deleita en escuchar a sus hijos. Él se goza en hacernos bien respondiendo a nuestras oraciones.

ORANDO CON JESÚS

Jesús enseña a sus discípulos a orar en el denominado sermón del monte (Mateo 5–7). Y esta enseñanza acerca de la oración se trata esencialmente de ver a Dios como nuestro Padre. En este sermón, Jesús se refiere en quince ocasiones a "vuestro Padre", las cuales se concentran en su mayoría en su enseñanza acerca de la oración.[18] Ver a Dios como nuestro Padre cambia por completo nuestra actitud hacia los deberes religiosos. Convierte la religión en una *relación.*

Sin embargo, la frase más asombrosa en la enseñanza de Jesús no es "vuestro Padre", sino la frase "Padre *nuestro*" con la que empieza la oración modelo (Mateo 6:9). El punto no es simplemente que los cristianos conforman una familia, aunque eso es cierto. El punto es que oramos con Jesús y que juntamente con Él decimos "Padre nuestro". Tu Padre que está en el cielo es el Padre de Jesús. La relación que *Jesús* tiene con Dios Padre es ahora la misma relación que *tú* tienes con Dios Padre.

Imagina la escena. Los discípulos han visto a Jesús orar. Han percibido la intimidad que Él tiene con Dios. Pueden ver que tiene una relación única y cercana con Dios. Todavía tratan de comprender lo que esto significa exactamente. Lo que aún no logran descifrar es que Jesús es Dios, que es uno eternamente con el Padre, que es eternamente amado por el Padre. Para Jesús, la intimidad del cielo tiene continuidad aquí en la tierra, en la intimidad de la oración. Entonces Jesús se acerca a uno de ellos, pone un brazo alrededor de su hombro y dice: "Así… es como deben orar: 'Padre nuestro'". En otras palabras: *Oren conmigo. Participen de mi relación con Dios. Porque ustedes son tan amados como yo soy amado.*

Juan Calvino dice: "[Cristo], siendo su Hijo verdadero [de Dios] y por naturaleza, ha sido dado a nosotros por hermano para que lo que es suyo propio por naturaleza, por el beneficio de la adopción se haga nuestro".[19]

Desglosemos esto para comprenderlo mejor. Primero, Jesús es el "Hijo verdadero" de Dios. Él es el Hijo unigénito. Nunca ha habido otro Hijo divino aparte de Él. Desde antes del tiempo,

---

18. Ver Mateo 5:16, 45, 48; 6:1, 4, 6 dos veces, 8, 14, 15, 18 dos veces, 26, 32; 7:11.
19. Juan Calvino, *Institución de la religión cristiana* (Rijswijk: FELIRE, 1999), 3.20.36.

Jesús ha estado en una relación íntima de amor y deleite mutuo con Dios Padre.

Segundo, Jesús nos "ha sido dado". Como si lo hubieran envuelto en papel y nos lo hubieran entregado como un regalo. Él nos ha sido dado "por hermano". Él se revistió de carne humana para volverse uno de nosotros, a fin de que nosotros pudiéramos ser uno con Él. De modo que estamos íntimamente vinculados por la fe. ¡Tú y Jesús no pueden ser separados!

Tercero, "...para que lo que es suyo propio por naturaleza...". ¿Qué era suyo por naturaleza? Él es el Unigénito eterno. Su naturaleza siempre ha sido una naturaleza común con el Padre y con el Espíritu. Yo sé que es difícil procesar esto en nuestra cabeza: Padre e Hijo comparten un solo ser, unidos en amor. Trata de pensar cuán hondo penetra esto en la identidad de Jesús. Él es el Hijo eternamente. Nunca ha habido un instante en el que Él no fuera el Hijo. A todo lo largo de la historia de la humanidad y a todo lo largo de la eternidad (¡la cual no tiene fin!), el Padre y el Hijo han estado en una relación de amor y gozo profundos.

Cuarto, y este es el punto que quiero señalar, lo que Jesús nos ofrece ahora es esta relación, este amor, este gozo. Jesús nos ofrece lo que le pertenece por naturaleza, dice Calvino, ¡para que "por el beneficio de la adopción se haga nuestro"! Su Padre llega a ser nuestro Padre. Su experiencia de amor paternal se vuelve nuestra experiencia de amor paternal. Su intimidad y gozo se convierten en nuestra intimidad y gozo. Su acceso a Dios en la oración se convierte en nuestro acceso a Dios en oración. La noche en la que fue traicionado, Jesús oró: "...para que sean perfectos en unidad, para que el mundo conozca que tú me enviaste, y que los has amado a ellos como también a mí me has amado" (Juan 17:23). Somos amados con el mismo amor con el que Dios ama a Jesús.

¿PAGAS TUS IMPUESTOS?

El Evangelio de Mateo relata una historia más bien extraña en la que los recaudadores del templo le preguntan a Pedro si Jesús ha pagado sus impuestos. Jesús le dice a Pedro:

> *Los reyes de la tierra, ¿de quiénes cobran los tributos o los impuestos? ¿De sus hijos, o de los extraños? Pedro le respondió: De los extraños. Jesús le dijo: Luego los hijos están exentos (Mateo 17:25-26).*

En otras palabras, Jesús no tiene que pagar un impuesto por el sostenimiento de la casa de Dios porque Él es el Hijo de Dios. Está exento porque él es el hijo, no de los reyes de la tierra sino del Rey del cielo. Se espera que un inquilino contribuya a pagar los gastos de la casa. Pero Jesús es el Hijo, no un inquilino. ¡Imagina a un padre que factura a su hijo de cuatro años por el alquiler que no ha pagado!

Pero después, para evitar ofenderlos, Jesús provee para el pago del impuesto. Manda a Pedro pescar un pez en cuya boca Pedro encuentra una moneda de cuatro dracmas. La historia termina con estas palabras de Jesús: "Tómalo y dáselo por mí y por ti" (Mateo 17:27). La parte clave de la historia son esas dos palabras del final: "*y por ti*". ¡Pedro estaba en la misma situación de Jesús! Al igual que Jesús, Pedro paga el impuesto para evitar ofenderlos. No obstante, al igual que Jesús, Pedro está exento. ¿Por qué? Porque, al igual que Jesús, Pedro es hijo de Dios. Lo mismo eres tú si estás en Cristo. No eres un inquilino en la casa de Dios; eres un hijo. Tienes los mismos derechos y privilegios que tiene Jesús, el Hijo por naturaleza.

Lucas relata un momento fascinante de la vida de Jesús que nos permite vislumbrar de manera asombrosa las relaciones en la Trinidad. Dice Lucas 10:21: "En aquella misma hora Jesús se regocijó en el Espíritu, y dijo: Yo te alabo, oh Padre, Señor del cielo y de la tierra, porque escondiste estas cosas de los sabios y entendidos, y las has revelado a los niños. Sí, Padre, porque así te agradó". Jesús experimenta gozo "en el Espíritu". El Espíritu Santo es el amor por medio de quien el Padre y el Hijo se deleitan el uno en el otro. Y aquí Jesús se regocija porque otros comparten el deleite del Dios trino.

No solo eso, sino que Jesús declara que esto es lo que "agradó" al Padre. Él usa el tiempo pasado: "Sí, Padre, porque así te *agradó*", porque nuestra participación en el gozo trino es el cumplimiento del plan eterno del Padre. Siempre fue el plan, y ahora se lleva a cabo. Adoptarnos como hijos no fue un simple deber del Padre. Es su deleite.

ORAR POR EL ESPÍRITU

Dios envió a Jesús, el Hijo por naturaleza, para que tú pudieras llegar a ser un hijo o una hija por adopción. Pero Dios no había terminado. A Él no le basta con hacerte su hijo. Él quiere que tú te *sientas* como su hijo y que *vivas* como su hijo. Dios envía al Espíritu a fin de que podamos sentir la intimidad y la confianza de ser sus hijos.

> *Porque todos los que son guiados por el Espíritu de Dios, estos son hijos de Dios. Pues no habéis recibido el espíritu de esclavitud para estar otra vez en temor, sino que habéis recibido el espíritu de adopción, por el cual clamamos: ¡Abba, Padre! El Espíritu mismo da testimonio a nuestro espíritu, de que somos hijos de Dios (Romanos 8:14-16).*

Si no sabes que eres un hijo, vas a vivir como un esclavo, con un sentido de obligación y miedo al rechazo. Por eso el Padre envía a su Espíritu para dirigirnos, del mismo modo que dirigió al pueblo de Israel de la esclavitud a la libertad por medio de la nube y el fuego (Éxodo 13:21-22).

Recuerda a los israelitas en el desierto: Dios los había rescatado de la esclavitud en Egipto, refiriéndose a la nación como "mi primogénito" (Éxodo 4:22-23). Sin embargo, en algunas ocasiones, los israelitas quisieron retroceder. Estaban solos en el desierto, rodeados de naciones enemigas. Eso no es problema cuando eres un hijo del Dios vivo, porque das por hecho que Él te brindará su provisión y protección. Pero si no te ves como un hijo, entonces Egipto parece una mejor opción.

Recuerdo cuando me contaron acerca de los campos de verano para niños de la calle en Ucrania. Apenas llegaban, los niños escondían comida. Por no haber vivido con padres amorosos, no sabían con certeza si la próxima comida iba a llegar. De modo que acumulaban comida cada vez que tenían la oportunidad. Solo dejaban de hacerlo a medida que crecía la confianza que sentían del cuidado de los líderes del campamento. Solo cuando te ves a ti mismo como hijo de Dios, dejas de mirar atrás a lo que fue la esclavitud y eres libre para servir a Dios en sacrificio, confiado en que Él te protegerá y proveerá todo lo necesario.

"Y debido a que somos sus hijos —dice Pablo en Gálatas 4:6—, Dios envió al Espíritu de su Hijo a nuestro corazón, el cual nos impulsa a exclamar: '*Abba*, Padre'" (NTV). Observa cómo el apóstol se refiere al Espíritu como "el Espíritu de su Hijo". Recuerda el principio de tres y uno. Las Personas de la Trinidad son un ser, de modo que encontrar al Espíritu es encontrar al Hijo. Esto significa que la experiencia que el Espíritu nos ofrece es nada menos que la experiencia del Hijo. Por medio del Espíritu experimentamos lo que el Hijo experimenta: el gozo, el amor y la confianza de ser un hijo de Dios Padre.

Agustín, el teólogo de tiempos antiguos, sostiene en su libro *La Trinidad* que, así como el Hijo es unigénito eternamente, el Espíritu es dado eternamente. Es dado por el Padre al Hijo como un vínculo de amor, el vínculo entre el Padre y el Hijo. De manera que el Hijo experimenta su filiación de hijo por medio del Espíritu. Y ahora el Hijo nos da a nosotros su Espíritu para que podamos gozar de la misma experiencia filial, de manera que podamos gozar el ser amados por el Padre.

¿Cómo funciona esto? "Por el [Espíritu] clamamos: ¡*Abba*, Padre!". Puesto que somos sus hijos, Dios ha enviado el Espíritu de su Hijo a nuestros corazones, el cual nos impulsa a exclamar: "¡*Abba*, Padre!" (Romanos 8:15).

EL GOZO DE LA ADOPCIÓN

Mi amigo y su esposa tienen un hijo adoptado. Cuando llegó el día al que denominaron "el día del nombre", el día en el que se completa el proceso de adopción, ellos le dijeron a su hijo que él era "Mateo Robles".[20] Mateo se quedó un rato pensativo. Luego miró hacia arriba y dijo confiado: "Sí, lo soy". Y ese no fue el veredicto de Mateo con respecto al proceso *legal*, que posiblemente pasó desapercibido para él. Ese fue el veredicto de Mateo sobre el proceso de la *relación*. Él dijo: "Sí, lo soy" porque *se siente* amado como un hijo y porque los Robles *se sienten* como sus padres. Eso es lo que nuestro espíritu dice cuando, por medio del Espíritu Santo, exclamamos "¡*Abba*, Padre!".

Sin el Espíritu del Hijo, no oraríamos. Si no me crees, intenta esto: ahora mismo, dondequiera que estés, pide al presidente de los Estados Unidos que te dé un regalo. Esto es, por supuesto, algo absurdo. Él no está (probablemente) contigo, e incluso si estuviera presente, no tendría razón alguna para responder a tu petición. Sin embargo, todo el tiempo los cristianos hacen algo aún más descabellado. Le pedimos al Rey del cielo que nos dé regalos con la expectativa de que Él puede y va a oírnos. ¿Por qué? Porque el Espíritu de Dios da testimonio a nuestro espíritu de que somos hijos de Dios, y Él nos impulsa a invocar a Dios como nuestro Padre. Oramos porque creemos que nuestras oraciones no golpean el techo y rebotan. Sin importar cuán distante podamos sentir a Dios o cuán insustanciales sean nuestras oraciones, oramos porque tenemos la consciencia de que Dios nos oye. Esa es la obra del Espíritu. El Espíritu nos conecta con el Padre, y nos asegura que Él es nuestro Padre y se deleita en oír nuestro clamor.

LA PODEROSA OBRA DEL ESPÍRITU

He aquí lo asombroso: la obra del Espíritu en nuestros corazones es tan poderosa que apenas pensamos en esta labor. Oramos sin siquiera pensarlo. Lo damos por hecho. En cierto sentido,

---

20. He cambiado sus nombres para proteger su anonimato.

cada vez que oramos, se esperaría que dudáramos. "¿Puedo realmente hacer esto? ¿Puedo realmente acercarme a Dios? ¿Puedo realmente pedirle cosas?". Eso tendría sentido. Después de todo, nos acercamos a Aquel ante quien los ángeles mismos esconden su rostro. Y aún así no dudamos, porque el Espíritu da testimonio a nuestros corazones de que Dios es un Padre bondadoso y generoso que se goza en oír nuestra oración. ¡La ironía es que una de las obras más poderosas de Dios es tan poderosa que prácticamente pasa desapercibida!

Charles Spurgeon, el predicador del siglo XIX, dijo una vez: "Es imposible que ames a Dios sin la fuerte evidencia decisiva de que Dios te ama". Entonces relataba la historia de una mujer que tenía muchas dudas. Resultó que ella sabía que amaba a Cristo, pero temía que Él no la amara. Spurgeon dijo: "Esa es una duda que nunca va a atormentarme; nunca existirá de ello la mínima posibilidad, porque estoy seguro de esto, que el corazón es tan corrupto por naturaleza que el amor de Dios nunca podría llegar allí a menos que Dios lo haya puesto". Spurgeon comenta:

> *Puedes descansar confiado sabiendo que, si amas a Dios, eso es un fruto, no una raíz... no es algo que hayas logrado por el poder de alguna bondad que exista en ti. Puedes concluir, con absoluta certeza, que Dios te ama si tú amas a Dios. Nunca ha existido una dificultad de parte de Él. Siempre ha sido de tu parte, y ahora que esa dificultad ha sido conquistada en ti, ya no queda ninguna dificultad. Que nuestros corazones se regocijen y se deleiten en gran manera, porque el Salvador nos ha amado y se ha entregado a sí mismo por nosotros".*[21]

¿Cómo se relaciona Dios Padre con nosotros? Una respuesta a esta pregunta es que Él oye nuestras oraciones. En efecto, Él se deleita en oír nuestras oraciones y se deleita en dar buenas cosas a sus hijos:

21. C. H. Spurgeon, "The Relationship. of Marriage" en *The Metropolitan Tabernacle Pulpit*, vol. 13 (1867), (Pasadena, TX: Pilgrim Publications, 1974), sermón no. 762.

¿Qué hombre hay de vosotros, que si su hijo le pide pan, le dará una piedra? ¿O si le pide un pescado, le dará una serpiente? Pues si vosotros, siendo malos, sabéis dar buenas dádivas a vuestros hijos, ¿cuánto más vuestro Padre que está en los cielos dará buenas cosas a los que le pidan? (Mateo 7:9-11).

Y ¿cómo respondemos? ¡Oramos! Nuestras oraciones nunca son una carga para nuestro Padre. Él se complace en oírnos y se siente honrado con nuestras oraciones. Imagina que tienes un padre que es rico, pero que poco se interesa por ti. No vas a molestarte en pedirle algo, porque das por hecho que no estará dispuesto a responder. Ahora imagina que tienes un padre generoso, pero es pobre. No vas a molestarte en pedirle algunas cosas, porque sabes que no puede responder; no quieres avergonzarlo pidiéndole algo que no puede suplir. En cambio, cuando traemos nuestras peticiones delante de Dios, afirmamos que Él quiere y que puede también responder. Glorificamos tanto su poder como su amor. Lo tratamos como el Padre bondadoso y poderoso que Él es. Y nuestras oraciones lo honran.

Puede que te hayas encontrado con la idea de que hacer peticiones infantiles en oración es una forma de espiritualidad básica, y que de ahí se nos invita a progresar hacia la oración contemplativa e incluso al silencio. Y ciertamente es bueno pasar tiempo meditando en la Palabra de Dios, en su carácter, su obra y su amor. Es bueno responder con adoración y reverencia. Pero nunca nos graduamos de las peticiones infantiles. Las peticiones infantiles son una forma de espiritualidad *avanzada*. Jesús, poniendo en medio de sus discípulos a un niño, dijo: "Así que, cualquiera que se humille como este niño, ese es el mayor en el reino de los cielos" (Mateo 18:4). No hay nada más grande que presentarse como un niño delante de Dios Padre.

No hay que considerar la oración como una obligación que debemos cumplir. Es una forma de relacionarnos con una persona y de gozar nuestra relación con ella. Dios es un Padre amoroso que se deleita en escucharnos, y la oración es nuestra oportunidad para pasar tiempo con Él. En lo que a mí concierne, me parece útil pensar en la oración como un lugar para estar con Dios. Cristo ha ascendido al cielo y estamos en Cristo, de modo que, en Cristo, nosotros ascendemos al cielo (Hebreos 10:19-22). Yo me imagino que paso el umbral del cielo para estar con Dios. O, dado que es difícil imaginar el cielo, pienso que Dios llena el lugar donde estoy ubicado. El cielo penetra en mi mundo. Este espacio, yo lo creo en mi imaginación: por fuera está el resto del mundo; por dentro estoy con mi Padre celestial.

Cierra tus ojos. Imagina que Dios Padre está allí contigo, rodeándote con su amor. Si estás en un lugar ruidoso, empieza concentrándote en ese ruido. Luego, permite que el ruido quede silenciado en el fondo y que, en lugar de eso, percibes el amor de Dios. Luego, habla simplemente, habla en voz alta si puedes o en tu cabeza si hay otras personas presentes.

No te preocupes si tu imaginación no funciona de esta manera. La clave es pensar que la oración es una relación con tu Padre, no una obligación. Piensa en Dios como tu Padre y luego habla simplemente. Nada más habla con Dios acerca de lo que hay en tu mente. O empieza con Él: piensa acerca de quién es Él y todo lo que ha hecho por ti. Y luego responde en alabanza con gratitud. Si no estas seguro acerca de cómo empezar, empieza con la oración modelo del Padre Nuestro (ver Mateo 6:9-23). Completa cada frase de la oración del Padre Nuestro con tus propias palabras de alabanza y con tus peticiones.

PUESTA EN PRÁCTICA

Oramos a un Padre que se deleita en oírnos. Así pues, a lo largo de la próxima semana, empieza tus oraciones con las palabras: "Padre mío". O, si estás orando con otras personas, "Padre nuestro". Algunos empiezan sus oraciones con alguna variación de "Dios" o "Señor". No hay nada incorrecto en esto. Sin embargo, prueba lo siguiente: empieza con tus palabras y con tu corazón diciendo "Padre mío". Si ya lo haces, intenta detenerte cuando pronuncias la palabra "Padre", para que te tomes el tiempo de disfrutar verdaderamente el hecho de ser un hijo de Dios.

ACCIÓN

Esta semana, cada vez que ores, empieza con las palabras "Padre mío" o "Padre nuestro".

UN LUNES POR LA MAÑANA CON MIGUEL Y EMMA

Diez minutos después, Emma da un mordisco de tostada y abre su Biblia. Lee algunos versículos y luego cierra sus ojos para orar. "Padre, te pido que Miguel tenga un buen día de trabajo. Por favor bendice a…". Jairo irrumpe en la habitación. "¿Dónde está mi suéter de la escuela?". Samuel le sigue de cerca. "¿Has visto mi tarea?". Y Paula… ¿dónde está Paula?

"Sam, tú busca el suéter de Jairo. Jairo, tú busca la tarea de Sam. Yo buscaré a Paula". Otro tiempo de oración interrumpido. Pero Emma sigue orando mientras sube las escaleras. "Gracias, Padre, porque siempre estás presente, siempre estás dispuesto a escuchar, aun cuando mis oraciones son un poco desordenadas".

PREGUNTAS PARA REFLEXIONAR

- El capítulo anterior terminó con un desafío a dar gracias a Dios por enviar situaciones difíciles cuyo propósito es hacernos más como Jesús. ¿Cómo has progresado con eso?
- ¿Qué concepto tienes de Dios Padre? ¿Crees que es bondadoso?
- Mira la oración del Padre nuestro, la que Jesús nos enseña en el Sermón del Monte (Mateo 6:9-13). ¿Cómo cambia la oración cuando consideras que cada frase es una petición de un hijo a su Padre?
- Enumera las razones por las cuales alguien podría dudar en orar a Dios.
- Enumera las razones por las cuales, prodigiosamente, no tenemos que dudar en orar.

EN CADA FRACASO PODEMOS GOZAR DE LA GRACIA DEL HIJO

Hay una serie televisiva de la comedia británica *Blackadder* (*La víbora negra*) que está ambientada en la primera guerra mundial. Uno de los personajes principales es el aristocrático general Melchett, interpretado por Stephen Fry. El general Melchett envía sus tropas a su muerte desde la seguridad de su oficina, y no le importa lo más mínimo. En algún momento, le dice al soldado Baldrick: "No se preocupe, muchacho. Si llega a faltar, recuerde que el capitán Darling y yo lo respaldamos por detrás". A esto responde Blackadder con sarcasmo: "Detrás, y a más de 50 kilómetros de distancia".

DELANTE, NO DETRÁS

Jesús no está detrás de nosotros, sino delante de nosotros. Hebreos 12:2-3 dice:

> *[Pongamos] los ojos en Jesús, el autor y consumador de la fe, el cual por el gozo puesto delante de él sufrió la cruz, menospreciando el oprobio, y se sentó a la diestra del trono de Dios. Considerad a aquel que sufrió tal contradicción de pecadores*

contra sí mismo, para que vuestro ánimo no se canse hasta desmayar.

La palabra "autor" quiere decir "el campeón, el ejemplo, Aquel que lidera el camino".[22] Estamos llamados a seguir a nuestro Rey a la batalla. Él lidera la ruta y nosotros le seguimos. Para Cristo esto significó la muerte. Y nosotros entramos en la batalla con la misma disposición a morir, y con toda la certeza de morir al yo. Jesús pide *todo de nosotros*, pero él no pide *nada de nosotros* que Él mismo no haya soportado primero. A diferencia del general Melchett, Jesús no es un general que se ubica detrás de la línea de combate.

En la última película de la trilogía *El señor de los anillos*, la ciudad de Gondor ha sido defendida de forma provisional. Sin embargo, ahora los ejércitos enemigos de Mordor se concentran para atacar de nuevo el mundo de los hombres. Esta vez parece que no hay salida. Sin embargo, Aragorn, el verdadero rey, decide combatir al enemigo con la esperanza de poder ganar tiempo para Frodo y Sam, quienes intentan destruir el anillo que encierra el secreto del poder del enemigo. A medida que Aragorn marcha para enfrentarse al enemigo, las puertas de Mordor se abren y su ejército maligno se lanza por la puerta negra. En número, Aragorn y sus hombres se encuentran en una inmensa desventaja. En cierto punto, reina la quietud en el campo de batalla. Entonces Aragorn levanta su espada y se lanza a la batalla. Durante un momento está solo. Luego lo siguen Pippin y Merry, los jóvenes hobbits. El ejemplo de Aragorn los inspira a armarse de valor y a entrar en la batalla. Y el resto de las fuerzas de Gondor no tardan en seguir a los hobbits.

Jesús es nuestro Campeón, nuestro Comandante, nuestro Capitán. Él prometió: "edificaré mi iglesia" (Mateo 16:18). Él enfrentó a Satanás, el pecado y la muerte, y resucitó victorioso.

22. Ver William Lane, *Hebrews 9–13*, Word Biblical Commentary (Dallas, TX: Word, 1991), pp. 410-411; y Paul Ellingworth, *The Epistle to the Hebrews,* The New International Greek Testament Commentary (Grand Rapids, MI: Eerdmans, 1993), pp. 639-640.

Sin embargo, Jesús no solo va delante de nosotros. Él también está sobre nosotros. "Dios ha puesto todo bajo la autoridad de Cristo, a quien hizo cabeza de todas las cosas para beneficio de la iglesia", dice Pablo en Efesios 1:22 (NTV). No nos sorprende oír que Jesús haya recibido toda autoridad. Sin embargo, observa *por qué* ha sido puesto sobre todas las cosas: "para beneficio de la iglesia". Detente a pensar en esto. Dios puso a Jesús sobre todas las cosas por nosotros, por ti. Jesús gobierna desde el cielo "para beneficio de la iglesia". Él protege a su pueblo y guía nuestra misión. Él envía el Espíritu Santo para capacitarnos para el servicio (Efesios 4:7-16).

No tenemos que coordinar las fuerzas de una misión global. No tenemos que trabajar en la misión más estratégica que existe. Cristo edifica su Iglesia y organiza a su pueblo. Nuestro trabajo consiste en ofrecerle nuestra vida, en ser testigos fieles y servirle. Y permitirle que nos use como Él decida hacerlo en su gran estrategia para edificar su Iglesia.

Jesús está involucrado de manera activa en la vida y en la misión de su pueblo en este momento, ahora mismo. Es muy fácil pensar que su obra tuvo lugar hace mucho tiempo y que Él está muy lejos, distante. Así solía yo pensar de Jesús. Pero esta percepción de que Jesús es distante es errónea, es un verdadero error.

Piensa nada más en cuán activo es Él a todo lo largo del libro de Hechos. Una y otra vez, Jesús interviene desde el cielo.[23] En Hechos 7 aparece para reconfortar a Esteban cuando enfrenta el martirio. En Hechos 9 se aparece a Pablo en el camino a Damasco para llamarlo a la fe y trazar el plan para su vida. En Hechos 10-11 habla a Pedro desde el cielo para retarlo a llevar el evangelio más allá de las fronteras culturales. En Hechos 9:34, Pedro le dice a un hombre postrado "Jesucristo te sana".

23. Esta sección se basa en la obra de Matthew Sleeman, *Geography and the Ascension Narrative in Acts* (Cambridge: Cambridge University Press, 2009); y de Matthew Sleeman, "The Ascension and Heavenly Ministry of Christ" en *The Forgotten Christ*, ed. Stephen Clark (Nottingham: Inter-Varsity Press,/Apollos, 2007) pp. 140-189.

Siente el peso de esa declaración. Puede ser que Jesús no esté físicamente presente en la tierra, pero está completamente involucrado en nuestras vidas. Está presente espiritualmente, es decir, está presente por medio de su Espíritu. Y eso significa que está poderosamente activo.

¿Qué hace Jesús ahora? Está sanando, hablando, salvando, consolando, edificando y equipando.

OCUPADO HACIENDO NADA

No obstante, hay otra respuesta a esa pregunta y es la respuesta que debe venir primero. ¿Qué hace Jesús ahora? *Nada.* ¡Esta respuesta es más profunda de lo que parece a primera vista! De hecho, es una respuesta que tiene el poder para infundirnos consuelo cada vez que fallamos.

Piensa cómo el autor de Hebreos describe a Jesús y hazte la pregunta: "¿Qué hace Jesús ahora?".

> [11] *Y ciertamente todo sacerdote está día tras día ministrando y ofreciendo muchas veces los mismos sacrificios, que nunca pueden quitar los pecados;* [12] *pero Cristo, habiendo ofrecido una vez para siempre un solo sacrificio por los pecados, se ha sentado a la diestra de Dios,* [13] *de ahí en adelante esperando hasta que sus enemigos sean puestos por estrado de sus pies;* [14] *porque con una sola ofrenda hizo perfectos para siempre a los santificados (Hebreos 10:11-14).*

¿Qué hace Jesús ahora? La respuesta es: está sentado (v. 12) y espera (v. 13). Muchas canciones hablan de Jesús de pie (y hay tres pasajes en el Nuevo Testamento donde se dice que Jesús está de pie). Sin embargo, la mayor parte del tiempo, el Nuevo Testamento se refiere a Él sentado. El punto es este: Él se ha sentado porque su obra de salvación está terminada. "Consumado es", exclamó Jesús en la cruz (Juan 19:30). Él ha hecho expiación completa por nuestro pecado. Ya no le queda más por hacer a este respecto.

Con todo, ¡para Jesús hacer nada es un trabajo a tiempo completo! Él está, como dice la vieja canción, "ocupado haciendo nada". Jesús es nuestro representante. ¿Qué hace? Nos representa en el cielo. Está en el cielo a nuestro favor, actuando en nuestro nombre.

Cuando te conviertes en cristiano, estás unido a Cristo por la fe por medio del Espíritu. Esto significa que su muerte fue tu muerte y que su resurrección es tu vida. Sin embargo, tu unión con Cristo no solo significa que lo que Él hizo en el *pasado* lo hizo por ti. Estamos unidos con Cristo *ahora* en el cielo. Pablo dice que Dios "juntamente con él nos resucitó, y asimismo nos hizo sentar en los lugares celestiales con Cristo Jesús" (Efesios 2:6). Él nos representa delante del Padre. Por la fe estamos con Él en el cielo. Su descanso es nuestro descanso. Su lugar en el cielo es nuestro lugar en el cielo. Él es nuestra garantía y nuestra seguridad.

Jesús es nuestro Sumo sacerdote, y el sacrificio que ofreció fue Él mismo. Y su sacrificio fue completo y suficiente. Hebreos 7:27 dice "que no tiene necesidad cada día, como aquellos sumos sacerdotes, de ofrecer primero sacrificios por sus propios pecados". Su sacrificio "lo hizo una vez para siempre, ofreciéndose a sí mismo". Los sacerdotes de antes tuvieron que enfrentar una dificultad adicional: tarde o temprano todos morían. "Por la muerte no podían continuar" (v. 23). Pero Jesús no. Él, "por cuanto permanece para siempre, tiene un sacerdocio inmutable" (v. 24). Jesús ejerce su función de por vida, y su vida es eterna.

¿A qué conclusión nos lleva todo esto? "Por lo cual puede también salvar perpetuamente a los que por él se acercan a Dios, viviendo siempre para interceder por ellos" (v. 25). Cuando piensas en Jesús, tu primer pensamiento debe ser como quien está delante del Padre como tu representante.

Así que Él está siempre ocupado llevando a cabo esa labor, y su labor consiste en no hacer nada. Él intercede por nosotros, no por medio de alguna acción que deba llevar a cabo en el cielo, sino por su sola presencia. Él mismo es la señal y la garantía de nuestra salvación. Su derecho de presentarse delante de Dios es tu derecho de venir delante de Dios. Su ubicación es tu ubicación. Entre tanto que Jesús esté en el cielo, nuestro lugar allí está garantizado. Mientras Jesús goce de la aprobación del Padre, nosotros tenemos la aprobación del Padre. Mientras Jesús viva, nuestra vida está garantizada. ¡Y Jesús vive para siempre!

Cuando Pedro y Juan fueron llevados ante los líderes judíos para responder por el "crimen" de sanar a un hombre paralítico, Pedro dijo:

> *En el nombre de Jesucristo de Nazaret, a quien vosotros crucificasteis y a quien Dios resucitó de los muertos, por él este hombre está en vuestra presencia sano… Y en ningún otro hay salvación; porque no hay otro nombre bajo el cielo, dado a los hombres, en que podamos ser salvos (Hechos 4:10, 12).*

El "nombre" de Jesús representa su carácter y su obra. Aunque su obra en la cruz está terminada, sus implicaciones permanecen. Es el fundamento sobre el cual Dios sana y salva. Dios está activo en el mundo en el nombre de Jesús. Y está activo en tu vida en el nombre de Jesús. Dios perdona tu pecado en virtud de la muerte de Cristo. En cada fracaso podemos gozar de la gracia que nos es dada por medio de Jesús.

Las últimas frases del himno de Augustus Toplady, "Deudor de misericordia" son: "Más dichosos pero no más seguros, los espíritus glorificados en el cielo". Los "espíritus glorificados" son los cristianos que ya han muerto y que ahora están en la presencia de Dios. Son "más dichosos" (o felices) porque sus sufrimientos terrenales han cesado. Y viven completamente seguros porque están en la presencia de Dios, lejos de cualquier amenaza o tentación. Sin embargo, los cristianos sobre la tierra están *tan seguros* como los que están en el cielo porque *Jesús* está en el cielo por nosotros. Solo si Jesús fuera arrojado del cielo, peligraría nuestro lugar allí. ¡Y eso nunca va a suceder!

Detente por un momento a pensar lo que esto significa para

ti. Cada fracaso, cada pecado, cada pensamiento oscuro pareciera poner en duda nuestro futuro. ¿Soy aceptado por Dios realmente? ¿Puedo realmente ser perdonado? ¿Aún puedo llamar al cielo mi hogar? Levanta los ojos de la fe para ver a Jesús en la presencia de Dios como tu representante.

Por cuanto hemos fallado en vivir en obediencia a Dios, merecemos el castigo eterno. Siente el peso de esta afirmación. Echa un vistazo a la oscuridad infinita del juicio. Y luego levanta tus ojos para ver a Cristo: tu Cristo, tu sacrificio. Aparecen en todo su esplendor luz, amor y gozo. Así es como podemos gozar de Cristo. Traemos a Él nuestro fracaso y recibimos su gracia.

ABANDONAR LA CULPA

¿Cómo respondemos? ¿Cómo nos relacionamos con Jesús, el Hombre que es nuestro representante en el cielo?

Hacemos lo que Él hace: ¡necesitamos ocuparnos no haciendo nada! Por supuesto que hay mucho que debemos hacer como cristianos. Como ya hemos visto, Jesús está obrando para garantizar que el mensaje de la salvación llegue a aquellos por quienes Él murió. Y nosotros somos participantes de esa obra.

Sin embargo, en lo que respecta a ganar nuestra salvación o la aprobación del Padre, o a impresionar a otras personas, tenemos que ocuparnos no haciendo nada. No hay nada que hacer en ese aspecto. ¿Qué tengo que hacer para corregir mis pecados y fracasos? Nada. Consumado es.

No obstante, es como si tuviéramos que estar *ocupados haciendo nada*, porque con tanta facilidad empezamos a tratar de hacer algo. Tenemos que proponernos dejar de esforzarnos por demostrar lo que valemos. Por lo general, tratamos de ganar la aprobación de Dios por medio de nuestras acciones, y tenemos que dejar de hacer esto. Si estás haciendo cosas para impresionar a Dios o para impresionar a otras personas, deja de hacerlas. Descansa. Relájate. Goza de la gracia de Dios. Descansa en la obra terminada de Cristo. Escucha cómo Él dice: "Consumado es".

Pidamos una vez más a John Owen que nos asista.[24] Owen insta a los cristianos a "dejar sus pecados en la cruz de Cristo, sobre sus hombros". Él se refiere a esto como "la gran y osada aventura" de la fe. Imagina que alguien te propone una oportunidad de inversión: "Invierte todo lo que tienes en mí, y yo te daré dividendos extraordinarios". Esa es la aventura a la que nos llama Jesús. No hay dinero de por medio. No hay nada que nosotros podamos aportar para invertir en Cristo. Sin embargo, estamos invitados a invertir nuestro propio ser "en la gracia, la fidelidad y la verdad de Dios". En ocasiones, esto se percibirá como un riesgo. Después de todo, nuestros pecados pueden parecer demasiado grandes. ¿Es realmente suficiente la muerte de un hombre? Los placeres de este mundo son tentadores. ¿Vale la pena el futuro que Jesús promete? Sí, Jesús es siempre una inversión segura. De modo que Owen nos invita a situarnos frente a la cruz y a decir:

> *¡Ah! Jesús es molido por mis pecados y herido por mis transgresiones, y el castigo de mi paz es sobre Él. De este modo se hace pecado por mí. Aquí entrego mis pecados al que es poderoso para llevarlos. Él pide que yo abra mis manos, que suelte lo que aprisiono, y que le deje hacerse cargo de mi pecado. Y a ello accedo por completo".*[25]

Tal vez pienses que esto es lo que sucede cuando una persona se convierte en cristiana. Y, por supuesto, tienes razón. Sin embargo, Owen añade: "Esta es *la obra de cada día*; no veo cómo sin esto pueda mantenerse la paz con Dios".[26] Cada día tenemos que soltar nuestro pecado y entregarlo a Jesús. Tenemos que ocuparnos en hacer nada.

Piensa en tu pecado. Piensa en los pecados que has cometido hoy. Los pecados que sientes que cometes cada día. Luego ima-

24. John Owen, "Communion with God" en *Works*, vol. 2, p. 194.
25. Ibíd., modernizado.
26. Ibíd.

gina que los entregas a Jesús uno a uno. Abre tus manos. Suelta aquello a lo que te aferras. Di junto con Owen: "Aquí entrego mis pecados al que es poderoso para llevarlos". Siente cómo te liberas del peso de tu corazón. Siente cómo descansan tus hombros. Jesús ha tomado tu carga y la ha llevado a la cruz en tu lugar.

> *Seguro me siento al saber que Jesús*
> *me libra del yugo opresor;*
> *Él quita mi pecado, lo clava en la cruz:*
> *y alcancé salvación por su amor.*[27]

Esto es lo que significa gozar de una relación con Jesús.

O piénsalo de la siguiente manera. Cada día, en el mensaje del evangelio, Jesús nos dice: *Hagamos un negocio. Yo tomo tus fracasos, tu pecado, tu culpa, tu amargura, tu maldición y tu muerte, y a cambio yo te daré gozo, amor, vida, rectitud y paz.* Owen lo llama "el canje bendito".[28] Nuestro trabajo consiste en aceptar con gusto el canje, entregar nuestro pecado y recibir el amor de Cristo.

La pregunta que plantea Owen es la siguiente: "¿Debemos entonces acudir a Él diariamente con nuestra suciedad, nuestra culpa, nuestros pecados?". ¿Es esto lo que Jesús quiere realmente, que le entreguemos día tras día nuestro caos? Esta es la respuesta de Owen: "No hay nada que le complazca más a Jesucristo que sus santos tengan comunión con Él en este trato de dar y recibir".[29]

PUESTOS LOS OJOS EN JESÚS

Empezamos este capítulo con la exhortación de Hebreos 12:2 a "[poner nuestros] ojos en Jesús". Jesús es la imagen de Dios, la palabra de Dios, la gloria de Dios. Ver a Jesús es ver al Padre.

---

27. De Horatio G. Spafford, "When peace like a river attendeth my way" (1873). "Alcancé salvación", trad. Pedro Grado Valdés.

28. John Owen, "Communion with God" en *Works*, vol. 2, pp. 194-195.

29. Ibíd., p. 195, modernizado.

Jesús refleja la gloria del Padre. La luz de la gloria de Dios se refleja perfectamente en la imagen o el espejo de su Hijo. El Padre ve en su Hijo un reflejo perfecto de sus perfecciones. Y de ese modo, el Hijo comparte la gloria del Padre. Desde la eternidad, las perfecciones de Dios fluyen desde el Padre al Hijo y vuelven al Padre por medio del Espíritu. De manera que nuestra respuesta primordial es *mirar* a Cristo y *adorar* a Cristo. Porque vemos la "iluminación del conocimiento de la gloria de Dios en la faz de Jesucristo" (2 Corintios 4:6). Nos deleitamos en su carácter perfecto. Nos deleitamos en su obra consumada. Descansamos en lo que Él ya ha hecho por medio de su vida, su cruz y su resurrección.

Y respondemos a Jesús siguiéndolo por medio de la fe, hasta el cielo:

> *Por tanto, teniendo un gran sumo sacerdote que traspasó los cielos, Jesús el Hijo de Dios, retengamos nuestra profesión… Acerquémonos, pues, confiadamente al trono de la gracia, para alcanzar misericordia y hallar gracia para el oportuno socorro (Hebreos 4:14, 16).*

¿Cómo se relaciona Cristo con nosotros ahora? Él está sentado en el cielo como nuestro representante. Él es nuestra garantía de que tenemos un lugar con Dios. Su obra en la cruz es completa. Pero esta obra sigue hablando. Habla al Padre como una señal permanente del precio del pecado que ya fue pagado por completo. Y nos habla con un mensaje de consuelo cuando la duda nos asedia.

Respondemos viendo a Jesús en el cielo como nuestro representante. Renunciamos a nuestros intentos por deshacernos de la culpa, por establecer nuestra identidad o por demostrar nuestro valor. En lugar de eso, descansamos en su obra consumada. Seguimos a Jesús por la fe y nos presentamos delante del trono de Dios con confianza.

Y respondemos con amor. Cuando miramos a Jesús sentado junto al Padre, vemos al Amigo que dio su vida por sus amigos (Juan 15:12-13). Vemos al Esposo que se entregó por su novia (Efesios 5:25). Vemos al Buen Pastor que dio su vida por sus ovejas (Juan 10:11).

Es imposible hacer aparecer el amor de la nada. No se puede amar a alguien simplemente como un acto de la voluntad o en respuesta a un mandato. No realmente. Pero puedes poner tus ojos en Jesús. Puedes mirar al pasado su obra en la cruz, puedes mirar hacia lo alto su presencia en el cielo por ti, puedes mirar hacia delante el día cuando regrese por su pueblo. "Nosotros le amamos a él, porque él nos amó primero" (1 Juan 4:19).

Y no hay nada más piadoso o divino que amar a Jesús. El único objeto del amor del Padre en la eternidad es el Hijo eterno, amado por medio del Espíritu. Y el objeto central del amor del Padre en la historia es el Hijo hecho hombre. De manera que, cuando amamos al Hijo, lo hacemos juntamente con el Padre.[30]

PUESTA EN PRÁCTICA

Prueba el "canje bendito" de Owen. Piensa en lo que sucedió ayer o la semana pasada. Mentalmente haz una lista de todas las cosas que dejaste inconclusas y que debías haber hecho, y las cosas que hiciste y que no debiste hacer. Piensa en tus pecados en pensamiento, en palabra y en obra. Y luego entrégalos a Jesús. Imagina que son clavados a una cruz. Ponte de pie junto a la cruz y di: "Jesús fue herido por mis pecados". Y luego recibe de Él amor, vida, justicia y paz.

ACCIÓN

Cada día de esta semana, dedica tiempo a identificar lo que has hecho para impresionar a otros. En seguida, escucha las palabras "consumado es".

---

30. Ver John Owen, "Sacramental Discourses: Discourse XXII" en *Works*, vol. 9, ed. William Goold (Edimburgo: Banner of Truth, 1965), pp. 612-614.

UN LUNES POR LA MAÑANA CON MIGUEL Y EMMA

Miguel vuelve a cerrar sus ojos y se dirige en su imaginación a un lugar muy distante de aquel vagón repleto de gente. Está a punto de lanzarse a las aguas turquesa de una laguna tropical cuando alguien derrama té en su camisa. Profiere un insulto. Se sonroja de inmediato. Y no solo porque hay té caliente derramado sobre su abdomen. Se siente avergonzado. "Lo siento, lo siento mucho. Es la demora, el hecho de estar de pie; por lo general no soy tan malhumorado". La joven que sostiene la taza con lo que queda de su té se siente igualmente avergonzada. "No, no. Es mi culpa", dice al tiempo que se esfuerza por salir, y desaparece.

Había proferido maldiciones. En voz alta. "¿De dónde salió eso?", se pregunta. Pero de inmediato sabe la respuesta. "De mi corazón orgulloso y egoísta". Recuerda en el sermón de ayer y piensa: *No hay nada digno en mí, pero Cristo es sumamente digno.* Miguel piensa en Cristo sentado junto al Padre. "Cristo ya ha resuelto todo", dice. En voz alta. Algunas cabezas se dan vuelta en señal de confusión. Miguel finge que tose. Y luego sonríe para sí. Cristo está en el cielo como su representante.

PREGUNTAS PARA REFLEXIONAR

- El capítulo anterior terminó con un desafío a iniciar cada oración diciendo "Padre mío" o "Padre nuestro". ¿Cómo ha sido tu experiencia con esto? ¿Qué ha cambiado a raíz de esta práctica?
- ¿Qué te parece difícil de la vida cristiana? ¿De qué manera Jesús ha hecho ya lo que Él pide de ti?
- Enumera las cosas que haces para ganar la aprobación de Dios o para impresionar a los demás... En seguida, táchalas todas y escribe encima en letras grandes: "¡Consumado es!".
- ¿Cómo vivimos si pensamos que necesitamos ganarnos la aprobación de Dios? ¿Cómo vivimos si estamos confiados en que tenemos la aprobación de Dios en Cristo?

- ¿Cuándo estás ocupado en exceso? ¿Cuál es el temor que motiva tu exceso de ocupación? ¿Cómo podría Cristo sentado en el cielo o gobernando desde el cielo calmar tu agitado corazón?

EN CADA SUFRIMIENTO PODEMOS GOZAR DE LA PRESENCIA DEL HIJO

Hace unos años, nuestra iglesia envió a alguien a servir a Cristo en Asia. Lo llamaremos Tomás. Supongamos que vinieras a mí y dijeras: "¿Cómo es Tomás?". Yo diría: "Es una gran persona. Es muy consagrado a Cristo. Es diligente, disciplinado y se sacrifica por los demás. Es bueno con las personas. Es un buen tipo". A esto podrías decir: "Espera un momento. Tomás no está aquí. Está en Asia central. No lo has visto en dos años. ¿Cómo puedes saber cómo es él?". Yo respondería: "Por supuesto que conozco a Tomás. He pasado tiempo con él. Comimos juntos muchas veces. Pasamos tiempo juntos. Servimos juntos. Lo vi en acción y lo escuché hablar. Sé cómo es Tomás porque sé cómo era él cuando vivía aquí".

Lo mismo es cierto acerca de Jesús. ¿Cómo podemos saber ahora cómo es Jesús? Después de todo, Él ya no está en la tierra. No podemos verlo ni tocarlo ni oírlo hablar. ¿Cómo podemos confiar en Él? La respuesta es: sabemos cómo es Jesús porque sabemos cómo fue Él cuando vivía aquí en la tierra.

Por supuesto, las personas cambian. Tal vez Tomás no sea el hombre que solía ser. Pero en el caso de Jesús, Él es el mismo *siempre.* Su carácter nunca cambia. La Biblia dice que "Jesucristo es el mismo ayer, y hoy, y por los siglos" (Hebreos 13:8). Con Jesús, el comportamiento pasado es un indicador completamente confiable de su actitud hacia nosotros hoy.

Así pues, cuando leemos las historias del Evangelio, descubrimos no solo cómo era Jesús, sino también cómo es Él ahora. Descubrimos no solo cómo se relacionó con su pueblo *en aquel entonces*, sino también cómo se relaciona con su pueblo *ahora.*

En este capítulo quiero animarte a leer los Evangelios con esto en mente. Pregúntate constantemente: "¿Qué me revelan estas historias, estas palabras, estos milagros, acerca de Jesús y de la manera en que se relaciona con personas como yo?". Veamos un breve ejemplo.

A QUIENES SUFREN PÉRDIDA, JESÚS DICE: "NO LLOREN" (LUCAS 7:11-17)

Me pregunto si a veces te imaginas a Jesús sentado mirando desde el cielo tu vida como tú miras la televisión. ¿Y si se aburre? ¿Dónde está el control remoto? Cambia el canal. O quizá te imaginas que él es como esos guardias de seguridad que se sientan frente a una serie de pantallas que miran sin interesarse realmente en ninguna de ellas. Quizá te imaginas que Jesús tiene un montón de pantallas que muestran las vidas de todos nosotros, y que de cuando en vez echa un vistazo a tu pantalla sin mucho interés. Hay un relato en Lucas 7 que nos ayudará a esclarecer este punto.

En la aldea de Naín, Jesús se encuentra con una procesión fúnebre. Ha muerto el hijo único de una viuda. Es una mujer que ha sufrido una gran pérdida emocional. Además, su vida se ha vuelto aún más precaria. En una cultura en la que solo los hombres pueden tener un ingreso económico, ella ha perdido ya a su esposo y ahora se ha quedado sin su único hijo. Lucas 7:13 dice: "Y cuando el Señor la vio, se compadeció de ella, y le dijo: No llores". Detente a pensar en esta frase: "se compadeció de ella". Lucas pudo haber omitido esto o pudo limitarse a decir "Jesús decidió ayudarla". En lugar de eso, Lucas resalta la compasión de Jesús.

El Jesús que vio la viuda de Naín es el mismo Jesús que ve nuestro sufrimiento. Su corazón se compadece de ti del mismo modo que se compadeció de la viuda. Y Jesús te dice a través de su Palabra y por su Espíritu: "No llores".

No es una reprensión. No sugiere que llorar esté mal. En otra ocasión, Jesús mismo llora con una mujer acongojada (Juan 11:35). No, esta es una palabra de consuelo. *No llores. Hay esperanza.*

La historia termina: "Entonces se incorporó el que había muerto, y comenzó a hablar. Y lo dio a su madre" (Lucas 7:15). Jesús lo resucitó, pero esta historia no trata únicamente de un hombre que resucita. Se trata de un hijo que es devuelto a su madre; es una historia de pérdida y de restauración. "Jesús lo dio a su madre". Todo va a estar bien. Tal vez no hoy, tal vez no mañana. Pero un día vendrá la restauración.

Jesús no está allá en el cielo indiferente a tu vida. Él no nos abandonó. Él es la misma persona que fue hace 2.000 años. Imagina el momento en el que Jesús mira a esta viuda. Imagina la mirada en su rostro. Así es como Él mira cuando ve tu sufrimiento. Y Él dice: "No llores".

A QUIENES SIENTEN VERGÜENZA, JESÚS DICE: "VE EN PAZ" (LUCAS 7:36-50 Y 8:42-48)

Lucas relata la historia de dos mujeres. La primera se invita a sí misma a una fiesta para ungir los pies de Jesús; la segunda se abre camino entre una multitud para tocar a Jesús. Jesús dice exactamente las mismas palabras a las dos mujeres (aunque algunas versiones pueden variar): "Tu fe te ha salvado, ve en paz" (Lucas 7:50; 8:48).

La primera mujer recibe el perdón por sus pecados públicos. Es una mujer muy conocida. Se le describe como "una mujer de la ciudad, que era pecadora" (v. 37). Esto denota que sus acciones eran notorias. Ella se expone al escarnio público para lavar los pies de Jesús. Se la jugó toda. Tiene todas las razones para pensar que podría ser burlada, maltratada o incluso expulsada con violencia. Ha llevado una vida de vergüenza y ahora se arriesga a sufrir más vergüenza aún. La mujer viene en un estado de agitación y Jesús le dice "ve en paz". Viene en vergüenza y Jesús dice "tus pecados te son perdonados" (v. 48).

La segunda mujer recibió sanidad de su enfermedad oculta. Pero no se trataba de una enfermedad común. Bajo la ley de Moisés, al igual que muchas afecciones, las mujeres que menstruaban eran consideradas impuras (Levítico 15:19-31). Esta ley fue diseñada como una representación del pecado. Si alguien tocaba a estas personas, quedaba impuro. Sin embargo, esta mujer padecía de algún tipo de hemorragia que significaba que ella sangraba *continuamente* como si estuviera menstruando. De modo que, si *en algún momento* alguien la tocaba, quedaba impuro. Por fortuna, esta ley ya no está vigente, pero imagina vivir así. Imagina la vergüenza que esto supone.

Por eso ella tuvo tanto miedo cuando Jesús preguntó quién lo había tocado. Al tocar su manto, ella habría dejado impuro a Jesús. Sus acciones habrían sido consideradas como irrespetuosas e indiscretas, casi agresivas. Pero en lugar de ofenderse, Jesús dice: "Hija, tu fe te ha salvado; ve en paz". En lugar de que la mujer le transmitiera a Jesús impureza, Él le comunicó a ella limpieza.

Es posible que haya agitación en tu corazón. Puede que cargues con un sentimiento profundo de culpa. Tal esto te impida dormir. Quizá te hagas daño a ti mismo. Quizás algo da vueltas en tu cabeza sin parar. Se dice que el escritor Mark Twain (aunque pudo haber sido Arthur Conan Doyle), envió una vez un telegrama a doce amigos diciendo: "Huyan de inmediato, todo ha quedado al descubierto". Todos abandonaron la ciudad de inmediato. Imagina que recibieras ese mensaje: "Huyan de inmediato, todo ha quedado al descubierto". ¿Qué idea vendría a tu mente? Tal vez luches con un desorden alimentario. Tal vez mires pornografía. Tal vez tengas un pasado criminal del que nadie sabe en la iglesia. O tal vez pienses en lo mucho que gastas en zapatos, o que la semana pasada te comiste un cubo completo de helado de un tiro. ¿Cuál es tu secreto? ¿Cuál es tu vergüenza? Si confías en Jesús, Él te dice: "Tus pecados te son perdonados... Ve en paz".

A QUIENES SE SIENTEN ANSIOSOS, JESÚS DICE: "NO TEMAS" (LUCAS 8:40-56)

Piensa por un momento en algo que te infunde temor. ¿Qué es lo peor que podría suceder? ¿Cuál es tu peor pesadilla? Yo comparto el mismo temor de Jairo. La hija de Jairo sufre una grave enfermedad y le pide a Jesús que vaya a su casa antes de que sea demasiado tarde. Muchos de mis temores tienen que ver con mis hijas. Yo nunca tuve miedo de las alturas hasta que me convertí en padre. Tan pronto tuve hijos, empecé a imaginar que se caían de los senderos. Me sentí mucho más expuesto al peligro por causa de mis hijas.

Cuando Jesús iba de camino a ver a la hija de Jairo, lo interrumpe la mujer enferma. Podrás imaginar cómo Jairo salta ansiosamente de un pie al otro mientras Jesús habla con ella. Su hija está agonizando. Jesús es su única y su última esperanza. Su gran temor es que Jesús no llegue a tiempo. Y cuando se hace demasiado tarde, se cumple la peor pesadilla de Jairo. "Estaba [Jesús] hablando aún, cuando vino uno de casa del principal de la sinagoga a decirle: Tu hija ha muerto; no molestes más al Maestro. Oyéndolo Jesús, le respondió: No temas; cree solamente, y será salva" (vv. 49-50). "No temas". Casi podríamos pensar que Jairo está fuera del alcance de cualquier temor. ¿Qué tenía que temer ahora? Ya había sucedido lo peor. Con todo, Jesús dice: "No temas; cree solamente".

Cuando Jesús llega a la casa de Jairo, dice: "No está muerta, sino que duerme" (v. 52). Jesús puede despertar a los muertos con la misma facilidad con la cual tú y yo podemos despertar a alguien que duerme. Para muchos de nosotros, creo yo, la muerte es nuestra peor pesadilla. Detrás de nuestros temores inmediatos lo que encontramos es que tememos a la muerte. Ya sea el miedo a las alturas o a la oscuridad, el miedo que se oculta detrás de todos estos es la muerte.

Sin embargo, con Jesús, la muerte ya no es algo que debamos temer. La muerte no es el fin. Jesús ofrece vida después de la muerte, vida eterna. Lo peor que puede suceder se ha convertido en la antesala a la vida. Todavía suceden cosas malas, a veces extremadamente malas. Pero no tenemos que temer. En medio de nuestros temores, Jesús nos dice hoy: "No temas; cree solamente".

Lucas organiza estas historias como señales del nuevo mundo que Jesús va a crear por medio de su muerte y resurrección. En 8:48, Jesús dice: "Tu fe te ha salvado". Y en 8:50, Jesús dice: "No temas; cree solamente, y será *salva*". Lucas es médico. Él conoce suficiente vocabulario para referirse a la mejoría física de las personas. Sin embargo, usa la palabra "salvación". Él quiere que veamos en estas historias una imagen de la salvación que Jesús ofrece. Llegará el día cuando "enjugará Dios toda lágrima de los ojos de ellos; y ya no habrá muerte, ni habrá más llanto, ni clamor, ni dolor; porque las primeras cosas pasaron" (Apocalipsis 21:4). Entre tanto, Jesús te dice: *No llores. Ve en paz. No temas.*

JESÚS ENTIENDE

El que reina en el cielo es Aquel que se convirtió en humano. Jesús nos comprende porque vino a la tierra y tomó forma humana. Y nos entiende porque, cuando volvió al cielo, Él conservó un cuerpo humano. Jesús en el cielo tiene un cuerpo humano.

> *Por tanto, teniendo un gran sumo sacerdote que traspasó los cielos, Jesús el Hijo de Dios, retengamos nuestra profesión. Porque no tenemos un sumo sacerdote que no pueda compadecerse*

> *de nuestras debilidades, sino uno que fue tentado en todo según nuestra semejanza, pero sin pecado (Hebreos 4:14-15).*

Esta referencia a la compasión de Jesús se explica detalladamente en Hebreos 5. En el Antiguo Testamento, el sumo sacerdote era elegido entre el pueblo para que pudiera mostrarse "paciente con los ignorantes y extraviados, puesto que él también está rodeado de debilidad" (Hebreos 5:2). Lo mismo hace Jesús, nuestro gran Sumo sacerdote.

> *Y Cristo, en los días de su carne, ofreciendo ruegos y súplicas con gran clamor y lágrimas al que le podía librar de la muerte, fue oído a causa de su temor reverente. Y aunque era Hijo, por lo que padeció aprendió la obediencia; y habiendo sido perfeccionado, vino a ser autor de eterna salvación para todos los que le obedecen (Hebreos 5:7-9).*

En otras palabras, a fin de ser un sacerdote plenamente facultado que pudiera comprender nuestras debilidades, Jesús tenía que volverse humano, exponerse a la debilidad, sufrir como nosotros. ¿Cómo se identifica Jesús con nosotros? Él se compadece de nosotros en nuestras debilidades y se compadece de nosotros en nuestras tentaciones.

En su comentario sobre Hebreos 4:15, Thomas Goodwin, el puritano del siglo XVII, dice que aunque Cristo ascendió al gozo del cielo, "él conserva una parte sensible y expuesta en su corazón, incluso vulnerable, por así decirlo, dispuesta a sufrir contigo"[31]. En otras palabras, al retener su naturaleza humana, Cristo ha elegido quedar sensible para experimentar nuestro sufrimiento. En este momento, mientras escribo, el mundo a través de mi ventana está cubierto de nieve. Esta mañana caminé mientras nevaba vestido con gorro, bufanda y guantes para pro-

31. Thomas Goodwin, "The Heart of Christ in Heaven Towards Sinners on Earth", en *Works*, vol. 4 (Edimburgo: James Nichol, 1862), p. 112.

tegerme del frío. Imagina que hubiera dejado una mano expuesta para poder experimentar la sensación completa del invierno. Dios, como Dios, no puede sufrir. Sin embargo, en Cristo, Dios retuvo su humanidad para seguir experimentando plenamente lo que siente la humanidad, incluso el sufrimiento humano.

Goodwin dice: "Dios es amor, y Cristo es amor recubierto de carne, sí, nuestra carne".[32] La experiencia de vida de Cristo sobre la tierra hace posible "una nueva forma de ser misericordioso", porque le permite a Dios sentir lo que nosotros sentimos.[33] Las misericordias de nuestro Dios se han convertido en misericordias humanas en Cristo, con una natural afinidad por nuestras luchas.

Hagamos un experimento, sugiere Goodwin. Piensa cómo te ha cambiado la experiencia de convertirte en cristiano; tu nuevo interés por tu vida espiritual y tu nueva compasión hacia los demás. Esa es la obra del Espíritu en tu corazón. Goodwin pasa a preguntar: ¿Tiene el Espíritu un efecto menos notorio en Jesús? No. "El mismo Espíritu que mora en el corazón de Cristo en el cielo mora en el tuyo aquí en la tierra, y ese Espíritu anima en Él sentimientos de misericordia infinitamente más grandes hacia ti de lo que tú puedas tener hacia ti mismo".[34] Tu compasión inspirada por el Espíritu es un eco de la compasión de Cristo inspirada por el Espíritu.

Es posible que te preguntes si Cristo siente menos compasión ahora que está glorificado en el cielo. Goodwin sostiene que sucede más bien lo contrario. Es cierto que su conocimiento y poder se engrandecen en su glorificación. Sin embargo, su mayor conocimiento significa que Él ve todo el sufrimiento de su pueblo, y su mayor poder significa que su compasión no mengua por el agotamiento. "Sus afectos humanos de amor y piedad se acrecientan en solidez, fortaleza y realidad".[35]

---

32. Ibíd., p. 116, adaptado.
33. Ibíd., p. 136.
34. Ibíd., pp. 121-122, modernizado.
35. Ibíd., p. 146.

Los seres humanos son propensos a "fatigarse de sentir compasión". Cuantas más historias de sufrimiento vemos, menos efecto producen en nosotros. Nos volvemos insensibles a su impresión emocional. A veces yo siento que, si hiciera el esfuerzo de sentir empatía en cada situación, colapsaría bajo el peso del dolor. Pero el corazón de Jesús se *ensancha* por su gloria y su poder. Él puede soportar la sobrecarga emocional. Él siente el sufrimiento de todo su pueblo sin necesidad de limitar su empatía.

¿Y qué sucede cuando pecamos? ¿Seguramente Cristo aparta su mirada en desagrado? Para nada, dice Goodwin. "Tus pecados lo mueven a la compasión más que al enojo… Cristo se pone de tu lado".[36] Los padres sienten una profunda compasión cuando sus hijos caen enfermos. Recuerdo a un padre que una vez me expresó el odio visceral que sentía contra el cáncer que destruía el cuerpo de su hija. Eso siente Cristo por el pecado en nuestra vida. Entre más grande es la miseria que vemos, más compasión sentimos. Y "de todas las miserias", dice Goodwin, "el pecado es la más grande". De modo que Cristo siente una gran compasión por nosotros, incluso cuando pecamos. "No te imaginas cuánto se duele el corazón de Cristo por tu pecado".[37]

Permíteme recapitular con estas palabras de Goodwin:

> *Podemos estar seguros de que el amor que expresó Cristo estando en la tierra, que tenía en su corazón y que lo llevó a morir por los pecadores por mandato de su Padre, sigue presente en su corazón ahora que está en el cielo. Y es tan vivaz y tan tierno como lo fue siempre en la tierra, e incluso cuando colgaba en la cruz.*[38]

El escupitajo de los soldados en su rostro, el azote del látigo que laceraba su carne, el tirón de los clavos en sus muñecas, los cielos

36. Ibíd., p. 149, modernizado.
37. Ibíd., pp. 149-150, modernizado.
38. Ibíd., modernizado.

entenebrecidos que ocultaron la sonrisa del Padre… todo esto lo aceptó Jesús debido a su amor por ti. Él pudo haber llamado a legiones de ángeles para que lo rescataran de la cruz, pero su amor se lo impidió. Ese es el amor que Él siente por ti hoy. Ahora mismo. Mientras lees estas palabras. Su amor, su amor por ti, es el mismo ayer, hoy y por siempre.

PUESTA EN PRÁCTICA

¿Cómo es nuestra vivencia de Cristo? Recordamos que Jesús todavía tiene un cuerpo humano y que todavía sabe cómo es la vida sobre la tierra. Jesús sabe lo que se siente ser tú. La única diferencia es que ahora tiene la capacidad de compadecerse de todo su pueblo.

Por sí sola, la compasión de Cristo no cambia las circunstancias que enfrentas. Pero sí significa que no tienes que enfrentarlas solo. Significa que Jesús está contigo en tus luchas, incluso en tus luchas con la tentación. Él no te mira con desaprobación, esperando que tropieces. Él te mira con empatía. Él sabe cómo es eso. Él entiende. Él está de tu lado.

El puritano William Bridge escribió:

> *Asegúrate de pensar de Cristo como es debido y como conviene a tu condición según lo presenta el evangelio… Las Escrituras describen detalladamente a la persona de Cristo en maneras que lo revelan afable hacia los pobres pecadores:*
>
> - *¿Te acusa Satanás, el mundo o tu propia conciencia? Cristo es tu Abogado.*
> - *¿Eres ignorante? Él es el Profeta.*
> - *¿Eres culpable de pecado? Él es Sacerdote y Sumo sacerdote.*
> - *¿Te afligen multitud de enemigos en tu interior y en derredor? Él es Rey, y Rey de reyes.*
> - *¿Te encuentras en una situación desesperada? Él es tu Camino.*

- *¿Padeces hambre o sed? Él es el Pan y el Agua de vida.*
- *¿Temes caer y ser condenado a último momento? Él es nuestro segundo Adán, nuestro representante, en cuya muerte morimos y quien ha satisfecho todo lo que Dios exige de nosotros.*

Así como no hay tentación ni aflicción sin una promesa especialmente idónea, no hay condición a la que no se ajuste con precisión un nombre, un título, un atributo de Cristo".[39]

Piensa en un reto que enfrentas o en una carencia que sufres. En seguida, identifica algún nombre, título o atributo de Cristo que se ajuste particularmente a esa situación, o una historia de los Evangelios que ilustre la actitud de Cristo hacia aquellos que enfrentan ese apuro.

ACCIÓN

Cada vez que enfrentes una lucha esta semana, piensa en Jesús y cómo Él te mira con compasión (en lugar de desaprobación).

UN LUNES POR LA MAÑANA CON MIGUEL Y EMMA

De vuelta en casa, Emma está en la puerta acompañando la salida de los niños. Uno, dos, tres. Piensa en Cindy. Cuatro. Cada día piensa en Cindy, su cuarta hija que nació con una malformación cardiaca y que había fallecido a los tres meses de nacida. Ausente, pero siempre presente. Pasados dos años, Emma todavía siente la pérdida. Duele. Estando allí de pie en la puerta de su casa, duele. "El tiempo sanará la herida" es lo que dicen las personas. Ella sabe que lo que buscan es ver el lado positivo. Pero ella no quiere "ser positiva". A veces simplemente quiere llorar.

Emma reflexiona en cómo lloró Jesús con María cuando Lázaro murió. "Él no le dio un sermón a María. Simplemente

39. Adaptado de William Bridge, *A Lifting Up for the Downcast* (Edinburgo: Banner of Truth, 1961), pp. 62-66. Publicado en español por Editorial Peregrino con el título *Ánimo en la depresión.*

lloró con ella. Jesús sabía cómo se sentía. Después de todo, Lázaro había sido su amigo". Emma piensa en los amigos que han llorado con ella. Eso la había consolado. Sin embargo, las personas habían dejado de hablar al respecto. Nadie sabía realmente acerca del dolor que ella todavía sentía. "¿Nadie?". Sus pensamientos vuelven a Jesús. Ella ha estado hablando como si Jesús perteneciera al pasado. Ella piensa en Jesús en el cielo, mirando su casa desde arriba. ¿Jesús ve su corazón roto? Sí, con toda seguridad. ¿Jesús se compadece de Emma como se compadeció de María? Jesús había dicho "les aseguro que estaré con ustedes siempre". "No estoy sola —se dice Emma—, ni siquiera en el dolor que nadie más ve".

PREGUNTAS PARA REFLEXIONAR

- El capítulo anterior terminó con un desafío a identificar lo que has hecho para impresionar a otros y luego a oír las palabras "consumado es". ¿Cómo fue tu experiencia con este ejercicio?
- Imagina que Jesús te mira desde el cielo. ¿Qué expresión crees que hay en su rostro?
- Medita en las tres historias de los Evangelios. En cada caso, formúlate la pregunta: "¿Qué me revela esta historia, estas palabras o este milagro acerca de Jesús y de la manera en que se relaciona Él con personas como yo?
- ¿En qué momentos tú sientes pérdida, ansiedad o vergüenza? ¿Cómo cambiaría esa experiencia si oyeras a Jesús decir: "No llores, ve en paz, no temas"?
- ¿Qué aspecto del carácter o de la obra de Cristo responde a tus preocupaciones presentes?

EN CADA CENA PODEMOS GOZAR DEL TOQUE DEL HIJO

Hace poco, mi amigo Tyler, que tiene seis años, describió nuestra iglesia como "la iglesia de Josué". Josué es el hombre que abre la iglesia cada domingo en la mañana, de modo que siempre está ahí cuando Tyler llega. Los padres de Tyler lo corrigieron: "No es la iglesia de Josué, es la iglesia de Jesús". Tyler quedó desconcertado, y luego dijo: "Si es la iglesia de Jesús, ¿por qué nunca viene?".

Creo que esta es una versión infantil enternecedora de un problema que todos percibimos: Jesús es notable por su ausencia, al menos su ausencia física. Se habla mucho acerca de encontrar el gozo en Cristo. Nos decimos los unos a los otros que vencemos la tentación encontrando nuestro gozo en Cristo. Pero ¿cómo gozo de algo o de alguien a quien no puedo ver ni tocar?

OTRO CONSOLADOR

Jesús dijo: "El que me ha visto a mí, ha visto al Padre" (Juan 14:9). Tal vez digas: "Todo estaba muy bien y funcionaba para los primeros discípulos, pero ¿qué de mí? Yo no he visto a Jesús". Leer las historias de sus encuentros con las personas es muy interesante, incluso fascinante. Pero eso fue hace ya mucho tiempo. ¿Cómo puedo tener un encuentro con Jesús?".

La respuesta es: otro Consolador. Jesús dijo a sus discípulos: "Y yo rogaré al Padre, y os dará otro Consolador, para que esté con vosotros para siempre: el Espíritu de verdad" (Juan 14:16-17). La palabra "Consolador" tiene un significado muy amplio en griego. Abarca la idea de un defensor, uno que fortalece, un testigo, un ayudador. Nuestro defensor es el abogado que está de nuestro lado, que presenta nuestro caso, y el testigo que da testimonio de la verdad acerca de Jesús. O puedes considerarlo un amigo que habla a tu favor cuando te critican, o que te habla cuando estás desanimado. O imagina que tienes un día realmente malo. A la hora de tomar una reconfortante taza de té, derramas la leche en el piso. Sientes que ya es el colmo. Tu ayudador dice: "Siéntate mientras yo limpio y te preparo otra taza de té". Ese es el Espíritu que Jesús nos ha enviado.

Observa que Jesús lo llama "*otro* Consolador". Jesús es el *primer* Consolador, y el Espíritu lo pone en lugar de Jesús que ha ascendido al cielo. De modo que tal vez la mejor manera de pensar cómo es el Espíritu nuestro Consolador es pensar cómo fue Jesús un Consolador.

En una ocasión, los líderes religiosos cuestionaron la falta de ayuno de sus discípulos: *¿Por qué... tus discípulos no ayunan?* (Marcos 2:18-22). Imagina que en ese momento tú fueras uno de los discípulos. Eres un pescador. No sabes mucho de teología. Tal vez ni siquiera has pensado acerca de ayunar. Y ahora los profesionales del tema exigen una respuesta. No tienes la menor idea de lo que dicen. Y estas personas son importantes. Podrías meterte en graves problemas. ¿Qué haces? Mi sospecha es que echas un vistazo a tu alrededor para ver qué hace Jesús en esa situación. Y cuando lo ves, sientes un alivio inmediato. Él sabe cómo responder. Él te va a defender.

En otra ocasión, los discípulos están en un bote cuando se desata una tormenta (Marcos 4:35-41). Las olas azotan la cubierta. La posibilidad de ahogarse es real. Imagina que eres uno de los discípulos. ¿Qué haces? Aun siendo pescadores, están asustados. No tiene caso acudir a ellos en busca de ayuda. De manera instintiva miras a Jesús, pero está dormido. Así que, obviamente, lo despiertas. Él sabrá qué hacer. Él será tu ayudador.

Ahora el Espíritu ha venido como nuestro defensor y ayudador. Cuando estás turbado o asustado, puedes decirte a ti mismo: "Está bien, el Espíritu está conmigo". Podemos decirnos los unos a los otros: "Está bien, el Espíritu es quien nos fortalece". Cuando alguien te haga una pregunta difícil acerca de tu fe, puedes decirte a ti mismo: "Está bien, el Espíritu está conmigo. Él dará testimonio mientras hablo. No tengo que convencer a nadie. Ese es el trabajo del Espíritu".

Hace unas semanas pensaba en un problema que tenía como pastor. Me dije: "Lo peor de todo es tener que enfrentar esto solo porque Dios no se involucra en esto". Me dejé invadir de autocompasión. Yo no estaba, por así decirlo, mirando por encima de mi hombro para ver a mi Defensor. No fui como los discípulos que fueron a buscar dónde estaba Jesús. Solo estaba mirando el problema, y sentía que tenía que enfrentarlo solo. Pero yo no estaba solo; mi Defensor estaba conmigo. Cuando llegó el momento de encontrarme con las personas involucradas en el problema, terminé nada más siendo un espectador al ver cómo se solucionó el problema. Yo no hice nada. Mi Defensor lo hizo todo.

LA PRESENCIA DE JESÚS

Sin embargo, el Espíritu es más que un reemplazo de Jesús. Mira detenidamente lo que dice Jesús:

> *No los abandonaré como a huérfanos; vendré a ustedes. Dentro de poco, el mundo no me verá más, pero ustedes sí me verán. Dado que yo vivo, ustedes también vivirán. Cuando yo vuelva a la vida, ustedes sabrán que estoy en mi Padre y que ustedes están en mí, y yo, en ustedes. Los que aceptan mis mandamientos y los obedecen son los que me aman. Y, porque me aman*

> *a mí, mi Padre los amará a ellos. Y yo los amaré y me daré a conocer a cada uno de ellos (Juan 14:18-21,* NTV*).*

Jesús dice que el Padre enviará el Espíritu Santo (vv. 16-17). Pero también dice: "Vendré a ustedes". Jesús dice que el Espíritu Santo "vive con ustedes" y "estará *en* ustedes". Pero también dice "*yo* [estaré] en ustedes". Él dice: "porque me aman a mí, mi Padre los amará a ellos. Y yo los amaré y *me daré a conocer a cada uno de ellos*".

- "Vendré a ustedes" (14:18).
- "Yo, en ustedes" (14:19).
- "Me daré a conocer a [ustedes]" (14:21).

¿Te das cuenta de lo que Jesús quiere decir? La venida del Espíritu es la venida de Jesús.

Jesús realmente se ha ido. Está físicamente ausente. Juan 14:19 es claro: "Dentro de poco, el mundo no me verá más". En este momento no puedes tener un encuentro con Jesús en la realidad física. No puedes darle un apretón de manos.

Sin embargo, *puedes* tener un encuentro con Él. Puedes encontrarte con Él, oírlo, conocerlo y disfrutar de su compañía. Jesús está presente con su pueblo por medio del Espíritu. Él está, en sentido literal, "con nosotros en Espíritu".

Una vez más, tenemos que recordar que Dios es un ser. El Espíritu Santo es el Espíritu de Cristo. Él hace presente a Cristo para nosotros. En un sentido, como hemos visto, hay dos Consoladores, puesto que el Espíritu es "otro" Consolador. Pero en otro sentido, hay solo un Consolador: Jesús presente por medio del Espíritu. No es que Jesús haya perdido el interés o haya cedido el trabajo. Jesús mismo es quien nos fortalece y es nuestro ayudador por medio del Espíritu Santo.

Hay dos imágenes que pueden ser útiles. Primero, la de un embajador. Un embajador habla en nombre de un monarca. Lo representa en su ausencia. Cuando un embajador habla en una misión oficial, la voz que se oye es la del monarca. De la misma manera, el Espíritu es como un embajador que habla y actúa en nombre de Cristo. Y dado que el Espíritu conoce plenamente la mente de Cristo, sus palabras y sus acciones representan perfectamente las intenciones de Cristo para con nosotros. Volvemos al principio de tres y uno: Puesto que Dios es uno, encontrarse con el Espíritu es un verdadero encuentro con Jesús.

En segundo lugar, piensa en una llamada telefónica. Cuando hablamos por teléfono, oímos las palabras de un amigo en la distancia. No es otra persona. Es su propia voz y sus palabras son inmediatas. Del mismo modo, el Espíritu es como la tecnología que nos conecta con Cristo. Él es la fibra óptica o la conexión inalámbrica. Así que oímos la voz de Jesús. No es otra persona. Es Jesús mismo. Y sus palabras son inmediatas, aunque Él está físicamente ausente.

Hace un par de años fui de camping a las colinas Cheviot en la frontera con Escocia. En cierto momento me encontraba a 8 kilómetros de la carretera. Debido a una falla en mis cálculos (uno de los cuales fue pensar que yo tenía 17 en lugar de 47 años), terminé en una situación en la que experimenté mucho dolor. Luego entré en estado de shock y empecé a temblar con violencia. Me habría servido mucho recibir ayuda. Necesité de alguien que me diera fuerzas, un ayudador. Pero en los últimos 11 y 12 kilómetros me había quedado sin señal telefónica. Estaba completamente fuera del alcance del servicio telefónico. Al fin logré armar mi tienda de campaña, calentarme en mi saco de dormir, y sobreviví para contar la historia. Sin embargo, humanamente hablando, estuve completamente solo en esa situación.

Jesús ha ascendido al cielo. Eso es extremadamente lejos; se trata de otra dimensión. Sin embargo, Él *no está fuera de nuestro alcance*. Él está conectado con nosotros por medio del Espíritu Santo.

Necesitamos *ambas* imágenes porque cada una por separado no le hace justicia a la manera en que el Espíritu nos permite experimentar la realidad de Cristo. La imagen del embajador capta la idea de su naturaleza personal, pero no su inmediatez. La imagen de la llamada telefónica capta la inmediatez, pero no la naturaleza personal de la obra del Espíritu. El Espíritu es una persona, no un "objeto". Al mismo tiempo, oímos realmente la voz de Cristo, no solo a un representante.

ENCONTRAR A JESÚS ALREDEDOR DE LA MESA

"Cristo es suficiente", nos decimos con frecuencia los unos a los otros. Y eso es verdad. Sin embargo, ¿cómo se vuelve tangible o se siente real la satisfacción en Cristo? ¿O es la satisfacción en Cristo un ejercicio mental, quizás un acto simulado?

Una de las palabras que usamos para describir la cena del Señor es "comunión". Es un término bíblico. Viene de 1 Corintios 10:16: "La copa de bendición que bendecimos, ¿no es la comunión de la sangre de Cristo? El pan que partimos, ¿no es la comunión del cuerpo de Cristo?". El pasaje da a entender que la cena del Señor es un acto de comunión o de participación con Cristo. Es un acto relacional.

Con frecuencia, las comidas son esto. Piensa en lo que significa una invitación a cenar. Es más que una invitación a comer. Es una invitación a la amistad. La comunión es una invitación a la amistad con Cristo: una invitación para disfrutar y experimentar la presencia de Cristo.

¿Cómo está Cristo presente en la comunión? ¿Cómo puede el acto de comer pan y de beber vino ser un acto de comunión con Cristo? La respuesta es que Cristo está presente por medio del Espíritu Santo. Somos elevados para estar con Cristo. El Espíritu desvanece la distancia que existe entre nosotros.

De modo que Cristo está realmente presente cuando tomamos la comunión. Él está allí para reafirmarnos su amor, su protección, su compromiso. El pan y el vino son símbolos físicos de su presencia espiritual. ¿Está Cristo presente con nosotros por el Espíritu todo el tiempo tal como lo prometió (Mateo 28:20)? Sí. Pero Cristo, en su bondad, sabiendo cuán frágiles somos, sabiendo cuán maltrechos puede dejarnos la vida, nos ha dado pan y vino como señales físicas de su presencia.

Imagina a una pareja que mira televisión en un sofá. Allí sentados, él toma la mano de ella. O imagina que estás sentado junto a la cama del hospital de un ser querido y tú tomas su mano entre las tuyas. ¿Por qué? ¿Qué valor tiene esto? ¿Necesitan este gesto para saber que estás con ellos o que los amas, o que estás allí por ellos? No. Pero ayuda. Hace que tu presencia sea física, tangible, palpable. Les reafirma tu amor. Eso es lo que sucede en la comunión cuando Jesús nos ofrece pan y vino. Su presencia y su amor se vuelven tangibles.

El bautismo es cómo una boda. Se hacen promesas formales y se asignan compromisos. A partir de la boda, una persona soltera se convierte en una persona casada. Nuestro estatus cambia. Lo mismo sucede con el bautismo. Nuestro estatus cambia y nos volvemos personas en Cristo. Si el bautismo es como una boda, la comunión es como un beso. Es la reafirmación del amor. Cristo se acerca a nosotros para reafirmarnos su amor. Se acerca para besarnos.

Piensa en una esposa que ha tenido una discusión con su esposo o que lo decepciona de alguna manera. ¿Qué quiere ella? Ella quiere que él la tome en sus brazos y le diga que la ama. Y quizás necesite tanto el toque físico como las palabras de afirmación. El toque sin las palabras o las palabras sin el toque pueden percibirse como un acto superficial e inseguro, como si él todavía retuviera su afecto. Y es así como Jesús nos brinda tanto palabras como contacto.

Recuerda la última vez que celebraste la comunión. En nuestra iglesia acostumbramos a celebrarla en nuestros grupos de casas, ya sea alrededor de la mesa o en la sala. Cada congregación tiene su propio lugar donde acostumbra a celebrar la comunión. Pero esto es lo que tenemos que comprender: Cuando tomamos la comunión juntos, la tierra y el cielo se conectan. Por medio del Espíritu, el alimento de la comunión es una especie de portal o acceso al cielo. El Espíritu nos conecta con Cristo. Él nos lleva a la presencia de Cristo.

Esto es lo que tienes que ver en tu imaginación con los ojos de la fe. Cuando digo "imaginar", no quiero decir "simular", como si no fuera real. Me refiero a ver por la fe la realidad *espiritual* que tiene lugar. La mesa es la mesa de Cristo y Él nos acoge para que comamos con Él en su mesa.

PUESTA EN PRÁCTICA

El catolicismo romano llama al pan "la hostia", porque se supone que en el pan mora la presencia física de Cristo. Pero, en realidad, Cristo mismo es el anfitrión. Él es el anfitrión que nos invita a comer con Él en su mesa. Las personas que sirven son el vehículo mediante el cual Jesús toma el pan de la mesa y lo pone en nuestras manos. Considéralo de ese modo. Cuando tomes el plato o recibas el pan en tus manos, piensa: "Jesús mismo me da este pan. Él es el anfitrión de esta comida. Este es su regalo. Es una señal de su amor. Es su beso".

ACCIÓN

Cuando tomes la comunión, imagina que recibes el pan y el vino de manos de Jesús, como una señal de su amor.

UN LUNES POR LA MAÑANA CON MIGUEL Y EMMA

Ayer Miguel sintió a Dios muy presente. Pero hoy… hoy es diferente. Hoy son trenes abarrotados, pasajeros sudorosos, una camisa mojada y el vacío constante que dejó la pequeña Cindy. Hoy Dios está… ¿está cómo? No ausente; Miguel no duda que Dios esté en todas partes. Pero tampoco lo siente presente como tal. No de un modo que él pueda ver o palpar.

Si tan solo pudiera tocar a Dios, piensa Miguel. Y luego piensa cómo el día anterior participó del pan y del vino durante la comunión. Fue algo que pudo tocar. Es la promesa de Cristo en forma física. Es la manera en que Cristo hace palpable su presencia.

Miguel piensa en el beso que le había dado a su esposa aquella mañana. La semana anterior había recibido un mensaje de texto de ella mientras estaba sentado en el tren: "Faltó beso hoy. ¿Aún me amas? Besos". Él había sonreído y le había enviado un emoji. "Con eso basta", respondió ella. Fue un intercambio juguetón, pero él sabía que para ella era importante. Esa mañana, el beso fue una señal de su amor. Miguel volvió a pensar acerca del pan. Era una señal del amor de Cristo. Un toque, algo tangible.

PREGUNTAS PARA REFLEXIONAR

- El capítulo anterior terminó con un desafío a pensar que Jesús te mira con compasión cada vez que enfrentas luchas o desafíos. ¿Cómo has progresado con esto? ¿Ha obrado algún cambio en tu experiencia personal?
- Recuerda la semana pasada. ¿Hubo un momento en el cual sentiste la necesidad de un defensor, un testigo, un ayudador o alguien que te fortaleciera?
- ¿Cómo habría cambiado tu experiencia el hecho de mirar por encima de tu hombro y ver (con los ojos de la fe) a Jesús presente allí contigo por medio del Espíritu?
- ¿Cuál es tu idea de la comunión? ¿Cómo podrías vivirla de tal modo que tenga más significado para ti?
- Recuerda una ocasión en la que un toque amoroso fue significativo para ti, ya sea un abrazo, un beso, o tomarse de la mano con alguien. ¿Qué cambio experimentarías si consideraras la comunión como un toque amoroso de Jesús?

9
EN CADA TENTACIÓN PODEMOS GOZAR DE LA VIDA DEL ESPÍRITU

Permíteme contarte siete historias.

HISTORIA UNO

"En el principio creó Dios los cielos y la tierra. Y la tierra estaba desordenada y vacía, y las tinieblas estaban sobre la faz del abismo, y el Espíritu de Dios se movía sobre la faz de las aguas" (Génesis 1:1-2). "Espíritu", "aliento" y "viento" son la misma palabra en hebreo y en griego. De modo que "el viento de Dios" que salió del aliento de Dios soplaba sobre las aguas.

"Y dijo Dios: Sea la luz; y fue la luz" (Génesis 1:3). Dios habló y el mundo existió. El escritor del Salmo 33 dice: "Por la palabra de Jehová fueron hechos los cielos, y todo el ejército de ellos por el aliento de su boca" (Salmo 33:6). La palabra de Dios avanza en el aliento de Dios trayendo luz, vida y belleza. Dios separa y ordena. Separa la luz de las tinieblas. Separa las aguas para crear tierra seca, y llena esa tierra con vegetación y animales.

Luego Dios da forma humana al polvo de la tierra. Pero no tiene vida, es como un maniquí, hasta que Dios "sopló en su nariz aliento de vida, y fue el hombre un ser viviente" (Génesis

2:7). "Todos ellos esperan en ti", dice el Salmo 104:27-30, y "les quitas el hálito, dejan de ser, y vuelven al polvo. Envías tu Espíritu, son creados, y renuevas la faz de la tierra". El Espíritu anima toda la creación. Todo tiene vida por medio del Espíritu.

HISTORIA DOS

Cuando llegamos a Noé, la humanidad ya está hundida en la maldad. Así que Dios envía muerte en forma de un diluvio. Noé y su familia están en el arca flotando en un océano interminable, rodeados de muerte. Parece que no hay prospecto alguno de vida terrestre. Entonces, "hizo pasar Dios un viento sobre la tierra, y disminuyeron las aguas" (Génesis 8:1). La historia de la creación se repite. El viento del Espíritu sopla sobre las aguas para volver a separar las aguas de la tierra, para traer una nueva esperanza de vida.

HISTORIA TRES

Pasan muchos años. El pueblo de Dios ha estado esclavizado por los egipcios. Pero Dios ha enviado diez plagas y los egipcios lo han dejado ir libre. No obstante, el faraón ha cambiado de parecer y ha enviado su ejército para volver a capturarlos. El pueblo de Dios está acorralado. Frente a ellos está el mar. Por detrás, el ejército egipcio. "Y extendió Moisés su mano sobre el mar, e hizo Jehová que el mar se retirase por recio viento oriental toda aquella noche; y volvió el mar en seco, y las aguas quedaron divididas. Entonces los hijos de Israel entraron por en medio del mar, en seco, teniendo las aguas como muro a su derecha y a su izquierda" (Éxodo 14:21-22). Se repite la misma historia. El viento del Espíritu de Dios sopla sobre las aguas, separando las aguas para crear tierra seca. El Espíritu conduce al pueblo de Dios a la vida y la libertad.

HISTORIA CUATRO

El Espíritu de Dios lleva al profeta Ezequiel a un valle. Mientras el profeta está allí de pie, todo a su alrededor son huesos secos:

cráneos, vértebras, esternones, costillas, clavículas, omoplatos, pelvis, fémures, tibias. Los huesos representan el pueblo de Dios que está muerto espiritualmente.

En profecía, Ezequiel recibe esta palabra: "Huesos secos, oíd palabra de Jehová" (Ezequiel 37:4). Los huesos se juntan, se forma tejido muscular encima de ellos y la piel los recubre. "Pero no había en ellos espíritu" (Ezequiel 37:8). Son como el pedazo de barro sin vida en Edén. Ezequiel está rodeado de formas de barro inanimadas, como el ejército terracota del primer emperador chino.

Entonces Dios le ordena a Ezequiel: "profetiza al espíritu". Tiene que invocar el aliento o el Espíritu de Dios. Imagino que Ezequiel sintió una brisa suave, un soplo en sus mejillas. Luego, poco a poco, aumenta su fuerza hasta convertirse en un viento recio que sopla sobre el valle, el viento de Dios. Dios sopla el aliento de vida. "Y entró espíritu en ellos, y vivieron, y estuvieron sobre sus pies; un ejército grande en extremo" (Ezequiel 37:10).

HISTORIA CINCO

Ahora nos adelantamos una vez más, para llegar al siglo I a.C., y entramos en una tumba. En la penumbra se alcanza a ver la silueta del cuerpo muerto de Jesús. El Salmo 104 declara: "si les quitas el aliento, mueren y vuelven al polvo" (Salmo 104:29, NVI). Allí, delante de ti, está el cuerpo de Jesús que regresa al polvo, un cadáver sin vida, en descomposición.

Entonces el Espíritu o el viento de Dios sopla en la tumba y exhala vida al cuerpo de Jesús (Romanos 1:4; 8:11). El corazón empieza a latir de nuevo. Los pulmones toman aire. Los ojos se abren. La Palabra que fue silenciada sobre el monte Calvario vuelve a hablar.

HISTORIA SEIS

Más adelante, Jesús se aparece a sus seguidores. Él dice: "Como me envió el Padre, así también yo os envío". Y habiendo dicho esto, sopla en ellos, diciendo: "Recibid el Espíritu Santo" (Juan

20:21-22). El Hijo de Dios sopla el aliento o el Espíritu de Dios en los corazones temerosos e indefensos de sus seguidores. Es una imagen de lo que sucede siete semanas más tarde cuando un viento recio sopla en el recinto donde estaban reunidos los discípulos (Hechos 2). Es el viento, el aliento, el Espíritu de Dios. Aparecen lenguas de fuego sobre sus cabezas y alaban a Dios en las diferentes lenguas de muchas naciones. Están llenos de poder para proclamar a Jesús como Señor y Salvador.

Pocos días después, las autoridades les prohíben evangelizar, de modo que se reúnen para orar: "concede a tus siervos que con todo denuedo hablen tu palabra" (Hechos 4:29). "Cuando hubieron orado, el lugar en que estaban congregados tembló". El viento de Dios vuelve a soplar en la habitación donde estaban reunidos. "Y todos fueron llenos del Espíritu Santo, y hablaban con denuedo la palabra de Dios" (Hechos 4:31).

HISTORIA SIETE

Hace cuarenta años yo estaba muerto. No te habrías dado cuenta con verme nada más. Era un niño pequeño lleno de vida. Pero espiritualmente estaba muerto. No necesitaba un argumento más convincente ni una reunión conmovedora. Estaba muerto. Necesitaba una obra de resurrección o un nuevo nacimiento.

Una noche hablaba con mi madre acerca de Jesús. Yo quería seguirle. Ella llamó a mi papá y oramos juntos. La habitación no tembló. No hubo un viento recio. Pero el Espíritu o el aliento de Dios sopló vida en mi corazón. Nací de nuevo. Resucité.

Si eres cristiano, tienes una historia similar para contar. Los detalles pueden ser muy diferentes. Pero en el centro de tu conversión hubo una obra del Espíritu Santo. El Espíritu sopló vida en tu corazón muerto. Él abrió tus ojos ciegos a la gloria de Cristo. Te otorgó el regalo de la fe.

MEJORES EXPECTATIVAS

¿Cuáles son las expectativas que tienes del Espíritu de Dios?

Al respecto, existen dos peligros. Hay personas que esperan

demasiado. Esperan la gloria del cielo ahora en esta vida. Esperan salud, riqueza y diversión. Con frecuencia, las personas me han dicho: "Dios me ha dicho que Él quiere darme esto". En realidad, no es más que una proyección de sus propios deseos egoístas. Quieren la gloria sin la cruz, sin sacrificio, sin sufrimiento. Por su parte, Pablo dijo a las nuevas iglesias: "Es necesario que a través de muchas tribulaciones entremos en el reino de Dios" (Hechos 14:22). Jesús dijo: "Si alguno quiere venir en pos de mí, niéguese a sí mismo, y tome su cruz, y sígame" (Marcos 8:34). Ese es un peligro, esperar ahora lo que pertenece a la vida venidera.

Pero existe un segundo peligro, y me temo que es el caso para muchos de nosotros. Es el peligro de esperar *demasiado poco*. Tratamos de sacar lo sobrenatural del cristianismo. Sin embargo, el cristianismo no se trata simplemente de una serie de creencias. Es una relación dinámica con el Dios vivo. El Espíritu, el aliento, el viento de Dios todavía sopla en medio de su pueblo. Puede que no esté acompañado de edificios que se sacuden o vientos recios, pero el Espíritu todavía viene a dar vida, poder y valor.

Lo cómodo de esperar poco de Dios es que se espera poco de ti. "No puedo hacer eso". "No puedo invitar a mis colegas". "No puedo plantar una nueva iglesia". El pastor y escritor Francis Chan dice:

> *Yo no quiero que mi vida sea explicable sin el Espíritu Santo… no creo que Dios quiera que yo (ni ninguno de sus hijos) viva de una manera que tenga sentido desde la perspectiva del mundo, una manera que yo sé que puedo "manejar"…*
>
> *Si nunca elevamos oraciones osadas y valerosas, ¿cómo puede Él responderlas? Si nunca lo seguimos a situaciones donde necesitamos de Él, ¿cómo puede Él manifestarse y dar a conocer su presencia?...*
>
> *Sin importar dónde vivas y cómo sean tus días, tú tienes la elección diaria de, o bien depender de ti mismo, vivir en tu seguridad*

> *y tratar de controlar tu vida; o bien vivir como fuiste creado para vivir: como un templo del Espíritu Santo de Dios, como una persona dependiente de Él, deseosa de que el Espíritu de Dios se manifieste y transforme la realidad.*[40]

Es posible que rara vez experimentemos el Espíritu de Dios porque nunca lo necesitamos. Nuestras vidas son demasiado seguras. Nuestras oraciones son demasiado inocuas. Nuestras expectativas son demasiado bajas.

La clave no es "equilibrar" nuestras expectativas para que no sean "demasiado altas, ni demasiado bajas"; la clave es reconocer por qué el Espíritu da vida y poder. Él da poder para proclamar a Cristo y da vida para que podamos morir al yo. Y no es posible tener en exceso esa clase de poder y de vida.

NUEVOS DESEOS Y NUEVO PODER

En Romanos 8, Pablo subraya la obra del Espíritu que imparte vida. El Espíritu da vida *espiritual* en el presente (vv. 5-8) y vida *física* en el futuro (vv. 9-11).

> [5] *Porque los que son de la carne piensan en las cosas de la carne; pero los que son del Espíritu, en las cosas del Espíritu.*
> [6] *Porque el ocuparse de la carne es muerte, pero el ocuparse del Espíritu es vida y paz.* [7] *Por cuanto los designios de la carne son enemistad contra Dios; porque no se sujetan a la ley de Dios, ni tampoco pueden;* [8] *y los que viven según la carne no pueden agradar a Dios.*
>
> [9] *Mas vosotros no vivís según la carne, sino según el Espíritu, si es que el Espíritu de Dios mora en vosotros. Y si alguno no tiene el Espíritu de Cristo, no es de él.* [10] *Pero si Cristo está en vosotros, el cuerpo en verdad está muerto a causa del pecado, mas el espíritu vive a causa de la justicia.* [11] *Y si el Espíritu*

40. Francis Chan, *The Forgotten God: Reversing Our Tragic Neglect of the Holy Spirit* (Colorado Springs: David C. Cook, 2009), pp. 143, 150, 156. (Publicado en español por Casa Creación con el título *El Dios olvidado: Cómo revertir nuestra trágica desatención al Espíritu Santo.*

> *de aquel que levantó de los muertos a Jesús mora en vosotros, el que levantó de los muertos a Cristo Jesús vivificará también vuestros cuerpos mortales por su Espíritu que mora en vosotros (Romanos 8:5-11).*

"El Espíritu da vida", dice el versículo 10. He aquí el hecho asombroso: el mismo Espíritu que levantó a Cristo de los muertos "*mora en vosotros*" (v. 11). El Espíritu que sopló vida en el cadáver de Jesús es el Espíritu que sopla vida en tu corazón. Ya tienes el poder de la resurrección corriendo por tus venas.

Si te preguntara cuándo fue la última vez que experimentaste el poder del Espíritu, me pregunto qué responderías. Tal vez pienses: "No estoy seguro de que pueda recordar haber realizado alguna vez un milagro o hablado con unción". Pero, si viviéramos por nuestra cuenta, estaríamos viviendo para el yo, en orgullo y oposición contra Dios. Por consiguiente, *todo* el bien que hacemos lo hacemos en el poder del Espíritu.

- Cuando tienes fe en Cristo, gozas de la vida del Espíritu.
- Cuando sirves a Dios de buena gana, gozas de la vida del Espíritu.
- Cuando te sacrificas por Cristo con alegría, gozas de la vida del Espíritu.
- Cuando sientes afecto por tus hermanos y hermanas en la fe, gozas de la vida del Espíritu.
- Cuando te alejas del pecado, gozas de la vida del Espíritu.
- Cuando deseas la santidad, gozas de la vida del Espíritu.

Por medio del Espíritu puedes hacer algo hoy que puede alegrar el corazón de Dios. Me pregunto si crees esto. O me pregunto si piensas: "Aun las cosas que intento hacer están manchadas por el pecado. Las hago, pero luego siento orgullo. O las hago porque me siento culpable". Tal vez imagines que Dios mira desde arriba y piensa: "Qué intento de rectitud tan patético".

Es cierto que quienes "viven según la carne no pueden agradar a Dios" (Romanos 8:8). Pero, si eres cristiano, no vives según la carne. Vives según el Espíritu. Y por ello puedes agradar a Dios.

Puede que lo que hagas no sea perfecto. No obstante, Dios te mira como un padre mira a su hijo pequeño. En nuestra casa tenemos dibujos que han hecho niños pequeños para nosotros, garabatos que necesitan una frase explicativa en el margen. No mencionaré el nombre de los artistas, ¡pero son puros garabatos! A pesar de eso, los exhibimos en nuestra casa porque como padres los consideramos hermosos. Un padre amoroso se deleita en sus hijos a pesar de todos sus defectos. Y no hay padre más amoroso que nuestro Padre celestial.

Sin embargo, esta imagen solo capta una fracción de la realidad que nos pertenece en Cristo. En nuestra casa también tenemos reproducciones de grandes obras de arte hechas por personas que se inspiraron a hacer arte con excelencia. Los cristianos también son inspirados por el Espíritu Santo. Y por esta razón somos capaces de producir grandes obras de amor que son verdaderamente magníficas.

Cuando te arriesgas a sufrir hostilidades por hablar de Cristo, cuando eliges asistir a una reunión de oración en una noche fría, cuando decides dedicar tiempo a una persona necesitada, o cuando sacrificas algo por causa de Cristo, experimentas la vida del Espíritu en ti. Puede que no sea algo espectacular. Es probable que no sientas un estremecimiento en la espalda ni calor en tu corazón. Sin embargo, sabes que, librado a tu suerte, serías egoísta, y cualquier bien que hicieras estaría motivado por el orgullo. No obstante, Dios en su gracia no te deja a tu suerte. Él envía su Espíritu para darte nueva vida y nuevos deseos.

En esta vida, los cristianos experimentamos nuevos deseos inspirados por el Espíritu, y al mismo tiempo los viejos deseos egoístas que persisten (Gálatas 5:16-17). De manera que experimentamos la vida del Espíritu en forma de un combate. Nos debatimos entre dos fuerzas que nos jalonan. Cuando nos sentimos tentados a hacer lo malo, el Espíritu nos impulsa hacia

Dios. Cuando somos guiados por el Espíritu a hacer lo recto, nuestros viejos deseos egoístas nos impulsan a dar marcha atrás en el pecado. Sin embargo, ese combate es por sí mismo una evidencia de la obra del Espíritu.

Hace un par de años terminamos de pagar nuestra hipoteca. Nuestra casa era propiedad del banco, y ahora nos pertenece a nosotros. Sin embargo, lo único que sucedió en aquel día fue que alguien de la oficina de catastro borró las palabras "Leeds Building Society" en una computadora, y las reemplazó con "Tim y Helen Chester". Al regresar a casa nada había cambiado. Tal vez te parezca que algo similar ocurre cuando te conviertes en cristiano. Tal vez piensas que solo sucede realmente en alguna oficina allá en el cielo. Te sacan de una lista y te ponen en otra. Pero en la tierra todo sigue igual.

Nada podría estar más lejos de la verdad. Lo que sucede es más parecido a un constructor que compra una casa y luego envía a una persona para llevar a cabo la remodelación. Cristo te ha comprado con su propia sangre y ahora ha enviado al Espíritu Santo para remodelarte. El plano maestro que el Espíritu está realizando es Cristo mismo. Dios está obrando para que nosotros seamos "hechos conformes a la imagen de su Hijo" (Romanos 8:29).

Esto significa que *tú no tienes que pecar*. No es algo inevitable. Me pregunto si existe en tu vida un pecado que te sientas incapaz de cambiar.[41] Tal vez la tentación se vuelve tan fuerte que te sientes incapaz de resistir. Tal vez aparece de repente y te toma por sorpresa, de tal modo que antes de poder darte cuenta ya has reaccionado de la peor manera.

Has intentado cambiar muchas veces. Pero te sientes derrotado. El credo Niceno dice: "Creemos en el Espíritu Santo, el Señor, el dador de vida". Si estás en Cristo, el Espíritu te ha dado vida: vida para vivir para Dios, vida para cambiar viejos hábitos,

41. Para saber más acerca de la manera en que el evangelio cambia nuestra vida, mira mi libro *Tú puedes cambiar: Conoce el poder transformador de Dios* (Barcelona: Andamio, 2008).

vida para proclamar el nombre de Cristo. Tienes nuevos deseos, nueva vida, nuevo poder.

No hay nada que Dios espere que hagas que tú no puedas hacer. El pecado que te vence no tiene que vencerte. Los temores que te consumen no tienen que consumirte. Las personas que te aterrorizan no tienen que aterrorizarte. El Espíritu de vida habita en tu interior, y Él te faculta para conocer a Dios y seguir a Cristo.

Así que no te des por vencido en tu lucha contra el pecado. Contrataca. Después de describir la obra del Espíritu en Romanos 8, Pablo continúa diciendo: "Así que, hermanos, deudores somos... por el Espíritu hacéis morir las obras de la carne" (8:12-13). Ya no le debemos lealtad a la vieja familia, a la humanidad en Adán bajo el reino del pecado. Nuestra lealtad la debemos a nuestra nueva familia, a la humanidad en Cristo guiada por el Espíritu. Batallemos, pues, contra el pecado. Acabemos con él.

Cada vez que seas tentado a explotar en ira, a enfurruñarte, a creerte el centro del universo, a buscar refugio en la pornografía, a exagerar para impresionar a otros, en todas esas situaciones y en muchas más tú puedes gozar de la comunión con el Espíritu Santo. *En cada tentación puedes gozar de la vida del Espíritu.* Puedes librar la batalla siendo consciente de la dependencia del Espíritu. Puedes experimentar el poder del Espíritu cuando resistes la incitación de tus deseos pecaminosos. Lo único que tienes que hacer es decir "no" al pecado y decirle "sí" a Dios.

PUESTA EN PRÁCTICA

Me pregunto si algunos de nosotros no "sentimos" la obra del Espíritu porque no estamos en el frente de batalla, no estamos en el frente de la batalla contra el pecado, o no estamos en el frente de batalla por una misión.

Imagina que hasta ahora has conducido un auto pequeño cuyo motor está en malas condiciones y apenas alcanza los 40 kilómetros por hora. De repente, alguien te obsequia un potente automóvil nuevo que tiene un gran motor turbocompresor. Una semana después, sorprendes a esa persona con tu comentario: “En realidad no he notado una gran diferencia”. Pero entonces descubres que nunca lo has manejado por encima de los 40 kilómetros. Tienes un auto que puede acelerar a más de 100 kilómetros por hora en tres segundos. Pero no notas la diferencia porque nunca has presionado el acelerador. No conduzcas tu vida de manera tan segura que nunca tengas motivos para notar la obra del Espíritu.

¿Cómo vivimos en comunión con el Espíritu Santo? Confiando en Él. Esperando que Él obre. Si quieres ver al Espíritu obrando en tu vida, trata de hacer aquello que sientes que no puedes hacer sin su ayuda. Todo lo que hacemos para Dios es posible gracias a la ayuda del Espíritu, ya sea que lo sintamos o no. Pero si quieres sentir la ayuda del Espíritu, trata de hacer cosas que estén por encima de tu capacidad. No te quejes porque Dios no haga cosas espectaculares en tu vida si nunca intentas hacer algo que esté por fuera de tu zona de seguridad.

ACCIÓN

Esta semana, toma un riesgo por Dios.

Puede ser invitar a un vecino a la iglesia, declarar tu fidelidad a Cristo en tu lugar de trabajo, ofrecerte a orar con un no creyente, ser extravagantemente generoso con tu tiempo y tu dinero, algo que te haga sentir la dependencia que tienes de la ayuda del Espíritu.

UN LUNES POR LA MAÑANA CON MIGUEL Y EMMA

Emma está de pie en el parque infantil, hablando con otras mamás mientras Paula agarra su camisa. “¿Ya supiste lo que pasó con Rosa? Ya sabes, la mamá de Julio. Bueno, me enteré de que…”. Emma no se ha enterado. Y quiere saber. Un poco de chisme para dar color a la mañana. Un poco de escándalo que la haga sentir superior. Se acerca para poder oír mejor.

“No —se dice a sí misma—. No lo hagas. Mala idea”. Se da vuelta. ¿Era mala idea? ¿Qué daño puede causar un pequeño chisme? Sería una distracción en medio de un día aburrido. Pero

Emma piensa en la Palabra de Dios. Piensa en la gracia de Cristo que se ha manifestado en su propia vida. Quiere extender esa misma gracia a otros. "Lo siento —exclama por encima del hombro—. Tengo que irme". Nadie lo nota. Todas están reunidas en torno al último rumor.

Ella sonríe. Le ha dicho "no" a la tentación. Recuerda lo que sucedió hace algunos años. En otra vida, ella había alcanzado fama por ser "la reina del chisme". Pero ya no. No desde que se volvió cristiana. Por supuesto que todavía sentía la tentación de participar en ello. Pero algo había cambiado. Es una de esas cosas que ella nunca nota en su día a día, como que Paula crece en estatura. Pero en retrospectiva, en el espacio de unos pocos meses, ella puede ver la obra del Espíritu Santo en su corazón. *Dios me está cambiando* —piensa Emma—. *¡Qué maravilla!*

PREGUNTAS PARA REFLEXIONAR

- El capítulo anterior terminó con una invitación a recibir el pan y el vino como si vinieran de las manos de Jesús, como una señal de su amor. ¿Cómo fue tu experiencia con esto? ¿Qué cambios notaste?
- ¿Tienes una "historia número ocho" que puedes añadir a las siete historias del Espíritu que presenta este capítulo?
- ¿Con qué peligro te identificas: esperar la gloria del cielo ahora mismo o esperar demasiado poco del Espíritu?
- Piensa en algunas maneras en las que ya no deseas pecar y algunas maneras en las que ahora deseas agradar a Dios. Cada una evidencia la obra poderosa del Espíritu en tu vida.
- ¿Hay una experiencia reciente en la que sentiste la necesidad de la ayuda del Espíritu? ¿Qué evidencia hay en tu vida de que dependes de Dios?

EN CADA GEMIDO PODEMOS GOZAR DE LA ESPERANZA DEL ESPÍRITU

He llegado a los cincuenta y no puedo ponerme de pie sin gemir un poco. Cualquier esfuerzo físico está acompañado de una pequeña exhalación. *Hmmm.* Ya sabes a qué me refiero.

En mis cuarenta acostumbraba a jugar fútbol con hombres que tenían la mitad de mi edad. ¿O eran niños? Podía leer el juego mucho mejor que en todas mis edades anteriores. Pero por desdicha me faltaban la velocidad, la resistencia y la energía para jugar los pases que podía proyectar en mi mente. Solía darme consuelo con la idea de que mis compañeros de equipo nunca iban a ser mejores de lo que ya eran en su veintena, mientras que ellos no sabían lo bueno que había sido yo en mi apogeo. No muy bueno, en realidad, ¡pero ellos no lo sabían! Si nadie había reservado la cancha para jugar después de nosotros, teníamos la opción de seguir jugando. Ellos, por lo general, estaban dispuestos a seguir. Pero, al cabo de sesenta minutos, yo ya estaba más que listo para arrastrar mi viejo cuerpo a casa para tomar una taza de té y un baño caliente.

Mi cuerpo está envejeciendo. Y entre más envejezco, más

gimo, si bien mis gemidos son leves y, por lo general, autoinfligidos. Laura gime porque la esclerosis múltiple está destruyendo su cuerpo de manera prematura. Claudio gime porque su esposa está muriendo de cáncer. Abdul gime porque su nación está siendo azotada por la guerra civil. Jenny gime discretamente la pérdida de su bebé en un aborto espontáneo. ¿Qué comunión con Dios gozamos en medio de nuestros gemidos?

Cada oración al Padre es un milagro poderoso en el que "el Espíritu mismo da testimonio a nuestro espíritu, de que somos hijos de Dios" (Romanos 8:16). Sin embargo, como vimos en el capítulo 5, ¡el milagro de la confianza en Dios es tan poderoso que la mayoría de las veces difícilmente percibimos el milagro que es! El Espíritu de Dios nos capacita para participar de la experiencia filial que Dios Hijo experimenta (vv. 14-16). Ese es un regalo glorioso de la gracia que infunde confianza, intimidad y gozo. Sin embargo, no estamos exentos de los sufrimientos y las frustraciones de la vida. Pablo continúa en Romanos 8:17: "Y si hijos, también herederos; herederos de Dios y coherederos con Cristo, si es que padecemos juntamente con Él, para que juntamente con Él seamos glorificados". Nosotros vamos a ser partícipes de la experiencia de gloria del Hijo, pero también de su experiencia de sufrimiento.

Con todo, cada vez que gemimos, sucede algo extraordinario.

LA CREACIÓN GIME

En primer lugar, Pablo dice que toda la creación gime juntamente con nosotros. "Porque sabemos que toda la creación gime a una, y a una está con dolores de parto" (Romanos 8:22). Nuestros lamentos son un eco de una creación que ha sido "sujetada a vanidad, no por su propia voluntad" (vv. 18-21). El mundo a nuestro alrededor siente la maldición del pecado.

Mi hija fue parte de un equipo de curaduría de una muestra de arte contemporáneo en la galería Courtauld en Londres. Una exposición presentaba un teléfono que, cuando alguien levantaba el auricular, conectaba directamente con un micrófono instalado en un glaciar. Lo que se oía era el crujir y el gemir de la fricción de las capas de hielo. De inmediato pensé en la descripción de Pablo de la creación que gime porque está sujetada a vanidad.

Sin embargo, la creación ha sido sujetada a vanidad "*en esperanza*" (v. 20). Vendrá el día cuando "será libertada de la esclavitud de la corrupción, a la libertad gloriosa de los hijos de Dios" (v. 21). Pablo imagina el mundo natural como un niño que se para de puntillas esperando con ansias la llegada de su papá a casa. O como la mujer de parto que gime de dolor, pero espera gozosa la llegada de su hijo. Isaías hace una comparación similar. Imagina que los montes levantan canción y que los árboles dan palmadas de aplauso cuando llega el momento de la renovación de la creación (Isaías 55:12). La creación gime, pero gime en esperanza con un anhelo ardiente.

NOSOTROS TAMBIÉN GEMIMOS

Y esta es también nuestra experiencia. Nosotros también gemimos en esperanza. Pablo dice: "y no solo ella, sino que también nosotros mismos, que tenemos las primicias del Espíritu, nosotros también gemimos dentro de nosotros mismos, esperando la adopción, la redención de nuestro cuerpo" (v. 23). En el versículo 19 habla del "anhelo ardiente de la creación" y, en el versículo 23, menciona que nosotros estamos "esperando". En el versículo 22 dice que la creación "gime" y, en el versículo 23, que nosotros "gemimos dentro de nosotros mismos".

Aunque hemos sido adoptados y tenemos el Espíritu de adopción, nuestros cuerpos todavía no han sido redimidos. Sentimos el quebrantamiento del mundo, a menudo en nuestros propios cuerpos, y gemimos. Somos seres quebrantados que viven en un mundo descompuesto.

GEMIMOS *ANHELANTES*

A pesar de esto, en el Espíritu todo cobra un sentido diferente. Para la mayoría de las personas, gemir es *mirar hacia atrás*. Las cosas no son como eran antes. No son como deberían ser.

Vivimos en un mundo roto. Aun los incrédulos sienten esto. Los incrédulos lamentan el hecho de que el mundo no sea lo que debería ser. Los incrédulos gimen.

Sin embargo, para los cristianos gemir es también *mirar hacia delante*. Sabemos que las cosas no son como *serán*. Y esta es la obra del Espíritu. Quienes "tenemos las primicias del Espíritu" somos los que gemimos (8:23). Todos gimen. Pero solo los cristianos gimen porque miramos hacia delante, esperando con ansias ser trasladados a nuestro nuevo hogar de adopción. Gemimos porque tenemos el Espíritu Santo, las primicias de esa creación redimida.

El Espíritu nos inspira a anhelar la nueva creación de dos maneras. Primero, porque nos da una experiencia de la nueva creación. El pasaje de Romanos se refiere al Espíritu como "las primicias". Él es el anticipo o la muestra. Es como cuando un cocinero que prepara una comida especial te ofrece probar una cucharada de su guisado. Y la exquisita degustación de ese bocado te lleva a anhelar el banquete completo.

GEMIMOS *COMO HIJOS*

Segundo, el Espíritu nos hace anhelar la nueva creación porque nos lleva a considerarla como nuestro hogar. Cuando yo viajo, siempre anhelo mi regreso a casa. ¿Por qué? Porque es allí donde está mi familia. ¿Qué sucede cuando el Espíritu nos da testimonio de que somos hijos de Dios? ¿Qué sucede cuando el Espíritu nos da testimonio de que Dios Padre es nuestro Padre? Nuestro hogar cambia. Nuestro hogar ya no es este mundo pasajero. Ahora nuestro hogar es el mundo venidero de Dios. Nuestro hogar es donde está nuestra familia. Y ese lugar es el cielo. No obstante, un día el cielo y la tierra se unirán en una nueva creación en la cual Dios hará su morada (Apocalipsis 21:1-5).

El escritor y teólogo Russell Moore describe cómo lo impresionó el silencio penetrante y terrible del orfanato ruso. En ese lugar, los niños aprenden a no llorar cuando nadie viene a buscarlos, cuando nadie se interesa en ellos. Durante una semana,

Moore y su esposa jugaron con sus dos futuros hijos. Les leyeron historias, les cantaron canciones, los sostuvieron en sus brazos, los amaron. Y cada noche partían dejando atrás ese silencio estremecedor. Llegó el último día en el que tenían que irse. Tenían que regresar a los Estados Unidos para completar las formalidades legales antes de que los niños pudieran volverse miembros de su familia. Y Moore dice que se sintió impulsado a regresar al orfanato. Volvió, entró en aquel lugar, y citando las palabras de Jesús, dijo: "No los dejaré huérfanos. Vendré por ustedes". Y cuando salían por el pasillo, oyeron el grito de uno de sus hijos. El grito de un niño de un año, sin palabras, lleno de desesperación y enojo. Y Moore dice que ese fue el sonido más terrible y a la vez el más precioso que escuchó jamás. Le partió el corazón, pero era el clamor de un hijo por su padre. Con ese clamor de angustia, este huérfano se había convertido en hijo.[42]

El Espíritu da testimonio a nuestro espíritu de que somos hijos de Dios (v. 16). Con todo, la experiencia de la adopción todavía es parcial. La creación no ha sido libertada aún, nuestros cuerpos todavía no han sido redimidos (v. 23). De modo que estamos "aguardando ansiosamente la adopción como hijos" (v. 23, NBLA). Nuestra experiencia como hijos nos hace anhelar más, reviste de anhelo cada sufrimiento, cada pecado y cada pérdida. Sabemos que hay más por venir.

Por el Espíritu "clamamos: ¡*Abba*, Padre!" (8:15). La palabra que se traduce "clamar" es una palabra fuerte. No es una palabra suave ni afectuosa que se pronuncia con delicadeza. Es un grito de ayuda. Una vez caminábamos con unos amigos cuando su hija cayó en las aguas heladas del río. "¡Papi!", gritó ella conmocionada y asustada. Sin pensarlo un segundo, su padre saltó a las aguas heladas para sacarla. Ese es el clamor "¡*Abba*, Padre!", un clamor de desesperación para pedir ayuda, el cual impulsa a un padre a acudir con urgencia.

42. Russell Moore, "Adoption and the Renewal of Creation", Together For Adoption Conference 2009. También he usado esta anécdota en Tim Chester y Christopher De la Hoyde, *¿Y quién es el Espíritu Santo?* (Grand Rapids: Portavoz, 2020), p. 60.

La única ocasión en la que, en los Evangelios, Jesús dice "¡*Abba*, Padre!" es en Getsemaní, cuando suda sangre (Marcos 14:36; Lucas 22:44). Jesús estaba a punto de cargar el quebrantamiento del mundo y exclamó: "¡*Abba*, Padre!". Y cuando nosotros sentimos ese quebrantamiento en nuestra propia vida, el Espíritu nos impulsa a clamar "¡*Abba*, Padre!". Cada gemido se vuelve una invitación a susurrar "Padre".

EL ESPÍRITU GIME

Con frecuencia, las personas dan por hecho que experimentar el Espíritu es sinónimo de momentos de éxtasis y estremecimiento. En efecto, esa clase de experiencias pueden ser obra del Espíritu. Pero Pablo dice en Romanos 8:26 que "el Espíritu nos ayuda en nuestra debilidad". Si alguna vez has vivido un momento oscuro y has salido al otro lado, esa fue una experiencia del Espíritu. Si alguna vez has dudado de todo lo que sabías sobre la fe cristiana, pero de algún modo seguiste orando, esa fue una experiencia del Espíritu.

Aun así, Pablo da un asombroso paso más allá de esta realidad. Dice que el Espíritu mismo "gime" (v. 26). La creación gime, nosotros gemimos, y el Espíritu gime. La creación gime porque ha sido sujetada a vanidad. Nosotros gemimos porque sentimos el quebrantamiento del mundo en nuestra vida, a menudo en nuestros propios cuerpos. Dios no está sujeto a vanidad, y tampoco sufre quebrantamiento; no obstante, por medio del Espíritu, Él siente nuestro dolor. Cada gemido que pronunciamos hace eco en el Espíritu.

Y cuando el sufrimiento parece excesivo y nuestras palabras no alcanzan, el Espíritu sigue ayudándonos.

> *Pues qué hemos de pedir como conviene, no lo sabemos, pero el Espíritu mismo intercede por nosotros con gemidos indecibles (Romanos 8:26).*

Cuando sientes que remas por la vida con energía como un

remero olímpico que se dirige a la línea de llegada, es el Espíritu quien corre por tus venas. Sin embargo, también es el Espíritu el que acude como una brisa suave que te lleva a casa cuando estás demasiado débil para remar y sientes que vas a la deriva.

Dios responderá la oración del Espíritu porque, según hemos comprendido ya, se trata de un proceso circular maravilloso. Aunque los gemidos del Espíritu pueden carecer de palabras, el Padre sabe lo que el Espíritu tiene en mente, y lo que el Espíritu tiene en mente coincide perfectamente con la voluntad del Padre. "Mas el que escudriña los corazones sabe cuál es la intención del Espíritu, porque conforme a la voluntad de Dios intercede por los santos" (v. 27). Y esa voluntad es que seamos hechos conformes a la imagen de su Hijo (v. 29). El Espíritu toma tu gemido y lo presenta delante del Padre de tal manera que coincide con el propósito del Padre de hacerte conforme a la semejanza de su Hijo. Como resultado, "todas las cosas les ayudan a bien… a los que conforme a su propósito son llamados" (v. 28).

Para resumir, el Espíritu transforma y transfigura nuestros gemidos para que se conviertan en el medio por el cual Dios logra sus propósitos en nuestra vida. Y el gran propósito de Dios es hacernos como su glorioso y hermoso Hijo.

PUESTA EN PRÁCTICA

Juan Calvino aplaude lo que él denomina "la meditación de la vida futura".[43] Lo que tiene en mente es un tipo de disciplina espiritual. Debemos dedicar tiempo a pensar acerca del futuro que Dios nos promete, de la renovación de la creación, de la redención de nuestro cuerpo, y de nuestra adopción como hijos. Debemos recordarnos los unos a los otros la "gloria eterna" que nos espera. Debemos ver nuestras tribulaciones desde esta perspectiva, a fin de que, en comparación con esa gloria, parezcan "leves y momentáneas" (2 Corintios 4:17-18). Debemos recordar

43. Juan Calvino, *Institución de la religión cristiana.* (Rijswijk: FELIRE, 1999), 3.9.

que somos peregrinos y que vamos de paso por este mundo hacia "una patria mejor" (Hebreos 11:13-16; 1 Pedro 1:1; 2:11). Calvino dice: "Aunque los creyentes sean ahora peregrinos sobre la tierra, por su confianza viven los cielos disfrutando apaciblemente su herencia futura".[44] Lo que nos libera de la búsqueda vana de riquezas terrenales es la esperanza de tesoros en el cielo (Mateo 6:19-20; 1 Timoteo 6:17-19).

Meditar en la vida futura es algo que podríamos practicar diariamente, quizá como parte de nuestra lectura y oración bíblica cotidianas. Sin embargo, también es algo que podemos hacer cada vez que gemimos. *Cada gemido* que emites, desde el suspiro que exhalas cuando te levantas de una silla hasta el doloroso vacío del duelo, *es una invitación a gozar de la esperanza del Espíritu.* Para algunos eso asciende a muchas oportunidades cada día, muchas oportunidades para esperar con un anhelo ardiente.

ACCIÓN

Cada día de esta semana dedica tiempo a pensar acerca de la vida eterna en la nueva creación.

UN LUNES POR LA MAÑANA CON MIGUEL Y EMMA

El tren avanza lentamente hacia la llegada. Miguel se agacha para mirar por la ventana, con la esperanza de poder ver la plataforma de la estación. Pero lo único que logra ver es un muro de grafiti. Entonces escucha: "Como resultado de una falla en la señal, habrá un retraso de 15 minutos. Sentimos mucho las molestias que esto pueda causar". Miguel deja salir un quejido audible. No es el único. El vagón cobra vida con los quejidos de todos los pasajeros.

¿Cuánto va a tardar esto? Será un retraso de quince minutos. Y diez minutos para caminar a la oficina. ¿Qué hora es en este momento? Quizá llegue a su escritorio a las 9:10. Y se acaba

44. Juan Calvino, *Calvin's Commentaries: The Epistles of Paul the Apostle to the Romans and the Thessalonians*, trad. Ross Mackenzie, eds. D.W. & T.F. Torrance (St Andrew's Press, 1961), p. 105, comentario sobre Romanos 5:2.

el problema. Hasta su regreso a casa. Hasta mañana. Hasta la jubilación. Otros cuarenta años de pie en este tren. Se sintió como una eternidad.

¿Es así como deberían funcionar las cosas? No. *Este es un mundo roto,* piensa Miguel. Y, la verdad sea dicha, transportarse hasta el trabajo no es lo peor, en absoluto. Pero eso llegará a su fin. Un día Cristo volverá y hará todas las cosas nuevas. ¿Habrá transporte al trabajo en la nueva creación? *Probablemente no,* piensa Miguel. O, si lo hay, no será como este. Él echa un vistazo al vagón, y observa a las personas cuya única esperanza es una jubilación decente. "Espíritu Santo —dice—, gracias por recordarme la maravillosa esperanza que tengo".

PREGUNTAS PARA REFLEXIONAR

- El capítulo anterior terminó con un desafío a tomar un riesgo por Dios. ¿Cómo has progresado en eso?
- ¿En qué momentos te hallas gimiendo, ya sea de manera audible o en tu interior?
- Piensa en una situación reciente cuando gemiste. ¿Cómo te recordó tu gemido que este mundo no es en este momento lo que va a ser en el futuro? ¿Cómo va a transformarse la razón de tu gemido en la nueva creación?
- Piensa en un momento difícil en tu vida. Piensa en las maneras como el Espíritu Santo te ayudó a atravesarlo.
- ¿Cuándo fue la última vez que pensaste en la vida eterna con Jesús en la nueva creación? ¿Cómo cambió aquel pensamiento tu actitud en ese momento?

11

EN CADA PALABRA PODEMOS GOZAR DE LA VOZ DEL ESPÍRITU

"¿Te parece si oramos?". Es una de esas invitaciones a las cuales no puedes negarte realmente: "No, realmente no quiero orar. Tengo mejores cosas para hacer". ¡Sabemos muy bien que esa es la respuesta equivocada! Sin embargo, en la realidad, es poco frecuente que nos deleitemos en leer nuestras Biblias y en orar. Todos estamos dispuestos a orar en una crisis. Pero, orar como la primera actividad del día, cuando tenemos una lista interminable de tareas pendientes por delante... bueno, preferiríamos empezar la jornada productiva. ¿Y qué sucede luego, tarde en la noche? Preferimos apagar la luz e ir a dormir.

La clave no está en la manera en que organizamos nuestro tiempo. Todos encontramos tiempo para hacer las cosas que verdaderamente nos importan. El punto es cómo pensamos acerca de la lectura de la Biblia y la oración. Resulta demasiado sencillo considerarlos primordialmente como una transferencia de información. Leemos nuestra Biblia con la esperanza de aprender una nueva verdad acerca de Dios que se sume a la totalidad de nuestro conocimiento. Y oramos para transmitir a Dios información: una lista de cosas que nos gustaría que Él hiciera. Pero la lectura de la Biblia y oración son mucho más que eso. Y si queremos abrazar ese "más", tenemos que esperarlas con ansias. El secreto es verlas como oportunidades para gozar de una relación con Dios.

La Biblia es un libro relacional. Su propósito es crear y profundizar nuestra relación con Dios. No es una herramienta de consulta rápida. Es un lugar en el cual pasamos tiempo con Dios y tenemos la oportunidad de conocerlo. Imagina que yo llego a casa y que mi esposa empieza a contarme acerca de su día. Imagina que yo la interrumpo diciéndole: "¿Puedes parar ahí? Dame nada más un par de puntos para resumir. Tengo otras cosas por hacer". ¡Esa no sería una receta para un buen matrimonio! Las conversaciones no sirven únicamente para transmitir información. También sirven para construir relaciones. La Biblia no es diferente. No es un libro para llenarnos de datos acerca de Dios. Es un medio de comunión.

MEDIOS DE COMUNIÓN

Algunos cristianos hablan acerca de las "disciplinas espirituales". Las disciplinas espirituales son todas aquellas cosas que hacemos para ayudarnos a crecer como cristianos, como la oración, la lectura de la Biblia, la participación en la iglesia, entre otras. Soy partidario de las disciplinas espirituales. Sin embargo, no me gusta el término. No voy a pelear con nadie al respecto ni te voy a decir que dejes de usarlo. Pero creo que hay un término mejor. El peligro radica en que el lenguaje de las disciplinas espirituales convierte mi relación con Dios en algo que yo logro por medio de mi esfuerzo. Tampoco alude a algo que yo sienta deseos de hacer. A mi modo de ver, las disciplinas espirituales son como algún tipo de régimen de ejercicios que me permite convertirme, con mi propio esfuerzo, en una persona piadosa. A veces eso resulta atractivo porque apela a nuestro orgullo. Pero cuando no estamos al nivel deseado, puede ser devastador.

Por otro lado, muchos cristianos por tradición han preferido hablar de "los medios de la gracia". Esta es una expresión mucho mejor. Los medios de la gracia se refieren a aquellas cosas que Dios, en su gracia, usa para acercarnos a Él y hacernos como su Hijo. Una ventaja de esta terminología es que incluye no solo aquello que hacemos (como la oración y la lectura de la Biblia), sino también aquello que nos sucede (como el bautismo y el sufrimiento).

Sin embargo, la ventaja principal del lenguaje de "los medios de la gracia" es el hecho de que transfiere el énfasis al quitarlo de mis logros y devolverlo a la gracia de Dios. Crecer en Cristo y en intimidad con Dios no son logros que yo alcance gracias a la disciplina de mi voluntad. Antes bien, son obras que Dios lleva a cabo en mí por los medios de la gracia que Él mismo ha provisto. ¡La expresión nos da una pista! Se trata de la gracia de Dios y de nada más. Mi responsabilidad consiste simplemente en aprovechar al máximo estos regalos.

No obstante, yo quisiera sugerir un paso más allá. Un peligro que existe en el lenguaje acerca de "los medios de la gracia" es la posibilidad de hacerlos ver como algo mecánico, como si la gracia fuera una píldora que yo recibo. He escuchado que los describen como el sistema de distribución que Dios usa para traer bendiciones espirituales a las personas sobre la tierra. Eso suena como un dispensador automático de bocadillos: Pones tu moneda en el receptor, presionas el botón indicado, y un bocadillo cae en la bandeja inferior. Según eso, si yo leo mi Biblia y oro, voy a recibir una cuota equivalente de gracia.

Pero la gracia no es una "cosa". No puedes empacarla y entregársela a alguien. La gracia es el amor de Dios hacia todos aquellos que no merecen su amor. Es profundamente relacional. De modo que la gracia de Dios ya no puede ser separada de Dios, del mismo modo que yo no puedo empacar una porción de mi amor y entregárselo al cartero para que lo envíe a algún destinatario.

Yo sugiero que usemos el término "medios de comunión". La oración, el compañerismo, la adoración, el servicio y el sufrimiento son medios que Dios nos da para que disfrutemos y profundicemos nuestra *relación* con Él. De hecho, cada capítulo de este libro se ha centrado en un medio de comunión. Cada placer es, en potencia, un medio de comunión si lo consideras una señal de la generosidad de tu Padre. Cada dolor puede ser un medio de comunión si lo consideras una señal de la disciplina de tu Padre. Cada oración, cada fracaso, cada temor, cada cena, cada tentación y cada gemido tienen la potencialidad de acercarnos a Dios si vemos a Dios obrando en ello. La clave es la fe. La fe ve en lo cotidiano de la vida la obra extraordinaria de Dios. Podría ser el canto de un pájaro, un dolor de cabeza o una palabra de enojo, cosas que podrían pasar fácilmente desapercibidas. En cambio, la fe las ve como medios divinos de comunión con Dios, oportunidades para responder a Él, para darle gracias por el canto del pájaro, para aceptar el dolor de cabeza como una experiencia formativa, o para confiar que Cristo ha pagado el precio de una palabra pronunciada con enojo.

OÍR LA VOZ DE DIOS

¿Cómo cambian las cosas cuando vemos la Biblia como un medio de comunión con Dios?[45]

Hebreos 3:7 dice: "Por lo cual, como dice el Espíritu Santo: Si oyereis hoy su voz…". Es una cita del Salmo 95, que fue escrito alrededor de mil años antes del momento en el cual el autor de Hebreos se sentó a escribir esta carta. Unos versículos más adelante, Hebreos 4:7 introduce la misma cita diciendo que Dios habló "por medio de David". El Salmo tiene dos autores: el Espíritu Santo y el rey David. Las palabras que leemos en la Biblia son palabras humanas, pero son al mismo tiempo palabras divinas. Dios mismo habló las palabras que leemos. Pablo las describe como "inspiradas" (2 Timoteo 3:16). Pedro dice que los autores de la Biblia "hablaron siendo inspirados por el

45. Este capítulo es una adaptación de Tim Chester, *Bible Matters: Meeting God in His Word* (Londres: Inter-Varsity Press, 2017).

Espíritu Santo" (2 Pedro 1:21). La Biblia que sostienes en tus manos contiene las palabras mismas de Dios.

¿Cuándo fue la última vez que Dios te habló? La respuesta está en el versículo que acabo de citar, 2 Pedro 1:21. Mira de nuevo Hebreos 3:7. No dice que el Espíritu Santo "dijo" estas palabras, sino "como *dice* el Espíritu Santo". Refiere un suceso que tiene lugar en el tiempo presente, en el momento mismo en el que se leen las palabras. Dios habló en la Biblia, pero Dios también *habla* en la Biblia. La Biblia no es solo un registro de lo que sucedió alguna vez y de lo que se dijo alguna vez. Cuando se lee la Biblia, sucede algo. Cuando se lee o se predica la Biblia, Dios habla. *En cada palabra podemos gozar de la voz del Espíritu.* Aquí mismo, ahora mismo.

En realidad, la cita que introduce Hebreos 3:7 refuerza esta idea: "Si oyereis hoy su voz, no endurezcáis vuestros corazones". El Salmo 95 rememora dos historias del éxodo de Egipto cuando el pueblo de Dios se quejó contra Dios. Siglos después, David retoma las palabras que Dios pronunció en aquel entonces en el éxodo e invita a sus lectores a oírlas de nuevo "hoy". Lo que quiere decir es: *Dios te está hablando hoy.* Pasan otros mil años y el autor de Hebreos hace lo mismo. "Oigan hoy su voz" (NTV). Y cuando nosotros leemos la epístola a los Hebreos, ocurre de nuevo, otros 2.000 años más tarde. "Cuando oigan hoy su voz" (NTV).

"Porque la Palabra de Dios es viva y eficaz". Esa es la conclusión de Hebreos 4:12. La Biblia es un registro fiel de lo que Dios ha dicho y ha hecho. Pero es más que eso. Está viva. Es la voz viva de Dios. "El Espíritu que obró en los corazones de los *escritores* de la Biblia para garantizar que lo que ellos *escribían* fuera la Palabra de Dios, es el mismo Espíritu que obra en los corazones de los *lectores* de la Biblia para garantizar que lo que *oímos* sea la Palabra de Dios".[46]

La Biblia también es *eficaz*. Hace algo. Está activa. Dios obra

46. Tim Chester, *Bible Matters: Meeting God in his Word* (Londres: Inter-Varsity Press, 2017), p. 35.

cuando la Biblia es leída. En la creación, Dios habló, y por medio de sus palabras trajo orden, luz y vida. Y hoy, cuando Dios habla por medio de su Palabra, Él ordena el caos de nuestra vida, trae luz a nuestra oscuridad y crea vida en los corazones muertos. O considera lo que hace la Palabra de Dios según el Salmo 19:7-13:

> *La ley de Jehová es perfecta, que convierte el alma;*
> *El testimonio de Jehová es fiel, que hace sabio al sencillo.*
> *Los mandamientos de Jehová son rectos, que alegran el corazón;*
> *El precepto de Jehová es puro, que alumbra los ojos...*
>
> *Tu siervo es además amonestado con ellos;*
> *En guardarlos hay grande galardón.*
> *¿Quién podrá entender sus propios errores?*
> *Líbrame de los que me son ocultos.*
> *Preserva también a tu siervo de las soberbias;*
> *Que no se enseñoreen de mí;*
> *Entonces seré íntegro, y estaré limpio de gran rebelión.*

La Biblia convierte el alma, nos hace sabios, alegra nuestro corazón, alumbra nuestros ojos, nos libra del error, saca a la luz nuestras faltas y nos libera del pecado. Esa es una lista impresionante. Pero, ante todo, esta palabra es la Palabra *de Dios*.

CONOCER LA PRESENCIA DE DIOS

Vistos y no oídos. Esto se dice que pensaba la gente en la era victoriana acerca de cómo debían ser los niños. En la historia bíblica sucede lo contrario con respecto a Dios. Él es oído y no visto. Él interviene directa y constantemente en la vida de su pueblo. Sin embargo, no interviene apareciendo en persona, sino hablando. Lo que dijo Moisés acerca del encuentro con Dios en el monte Sinaí es, en realidad, la norma: "oísteis la voz de sus palabras, mas a excepción de oír la voz, ninguna figura visteis" (Deuteronomio 4:12). Él Señor rehusó mostrar su gloria a Moisés "porque no me verá hombre, y vivirá" (Éxodo 33:20). En vez de eso, Dios vino a Moisés en una nube y reveló su nombre (Éxodo 34:5-6).

¿Está Dios ausente de la historia porque no puede ser visto? No, definitivamente no. Él está presente y activo por medio de sus palabras. ¿Está Dios ausente de tu vida porque no puedes verlo? No. Está presente y activo en tu vida por medio de sus palabras. Tampoco está presente por medio de alguien que lo reemplace. Él no ha enviado a un representante que transmita su palabra. Él personalmente está presente en su mundo por medio de la persona del Espíritu Santo.

Imagina a un niño que se despierta en medio de la noche. No puede ver nada en la oscuridad, de modo que lanza un clamor motivado por el miedo. Entonces oye la voz de su Padre. Él pronuncia palabras que lo reconfortan. Sus palabras lo tranquilizan y al cabo del rato vuelve a dormirse. ¿Qué vio el niño? Nada. Aun así, se tranquilizó al saber que su papá estaba presente, porque oyó su voz. Lo mismo sucede cuando leemos la Biblia. ¿Qué vemos? Nada. Sin embargo, experimentamos la presencia de Dios cuando oímos su voz. Juan Calvino dijo:

> *Si nuestro Señor es tan bueno con nosotros que todavía nos es predicada su doctrina, tenemos en ello una señal segura e infalible de que Él está cercano y disponible para nosotros, que Él procura nuestra salvación, que nos llama para Sí como si hablara con su propia boca, y que lo vemos personalmente delante de nosotros… Jesucristo… extiende sus brazos para recibirnos con la misma frecuencia con la cual el evangelio nos es predicado.*[47]

El apóstol Juan quiere que participemos de su comunión con el Padre y con el Hijo. Esto es lo que le produce alegría, ver a su

47. Juan Calvino, *Sermons on the Epistle to the Ephesians*, sermón sobre Efesios 4:11-12 (Edimburgo: Banner of Truth, 1973), p. 368. Publicado en español por Editorial Peregrino con el título *Sermones sobre Efesios.*

pueblo gozando de la comunión con Dios. Pero ¿qué hace Juan para que esto suceda? Él habla y escribe.

> *Lo que hemos visto y oído, eso os anunciamos, para que también vosotros tengáis comunión con nosotros; y nuestra comunión verdaderamente es con el Padre, y con su Hijo Jesucristo. Estas cosas os escribimos, para que vuestro gozo sea cumplido (1 Juan 1:3-4).*

Juan usa palabras para guiarnos a la comunión con Dios. Y sus palabras son palabras inspiradas por el Espíritu (Juan 16:13-14). La Palabra de Dios es dada a fin de que podamos experimentar el gozo pleno de la comunión con el Dios trino.

Mi esposa era aficionada al programa de televisión *The Great British Bake Off* [El gran concurso de horneado británico]. Cada semana, los integrantes del público horneaban pasteles, y los mejores clasificaban para la siguiente ronda. Al final de cada episodio, los concursantes presentaban sus pasteles para la deliberación. En casa todos podíamos ver los pasteles. Todos en casa escogíamos el que mejor nos parecía. Pero no solo contaban las apariencias. La única forma de saber realmente si era un excelente pastel era probarlo. Entonces la jueza Mary Berry ponía un bocado de pastel en su boca, hacía una pausa, sonreía, y decía: "Es maravilloso".

Pedro nos invita a aplicar esta clase de prueba a la Biblia. Él dice: "Desead, como niños recién nacidos, la leche espiritual no adulterada, para que por ella crezcáis para salvación, si es que habéis gustado la benignidad del Señor" (1 Pedro 2:2-3). Cuando dice "leche espiritual", se refiere a "la palabra de Dios que vive y que permanece para siempre" (1:23). Ansiamos la Biblia porque sabemos por experiencia que es buena cuando la gustamos. Pero Pedro no dice que la Biblia tenga buen sabor. Él dice que "gustamos la benignidad del Señor". Lo que quiero decir, por supuesto, es que gustamos la bondad de Dios en la Palabra de Dios. El teólogo y escritor Wayne Grudem comenta: "Cuando oyen las palabras del Señor, los creyentes experimentan el gozo de la comunión personal con el Señor mismo".[48]

PUESTA EN PRÁCTICA

Dado que la Biblia es el medio como oímos la voz de Dios y gozamos de su presencia, será nuestro deseo proponernos leerla. Es maravilloso tener un plan de lectura bíblica o hacer apuntes diarios de la Biblia. Sin embargo, es importante no confundir los medios con el fin. La meta es gozar de Dios, y planear la lectura de la Biblia cada día es nada más el medio para lograrlo. No te sientas obligado a cumplir la cuota diaria si has pasado un día por alto o te retrasas. La meta no es cumplir con una tarea. El objetivo es oír la voz de Dios. No es que leas diez minutos de Biblia y entonces recibas el equivalente de esa cantidad en gracia para el día. Acudimos a la Palabra para oír a nuestro Salvador hablarnos.

He aquí una manera práctica de poner esto por obra. Acostúmbrate a orar mientras lees la Biblia. Convierte el discurso de Dios en una conversación en dos direcciones adorando a medida que lees la Palabra. Muchas oraciones registradas en la Biblia son en realidad promesas que vuelven a Dios en forma de peticiones. Una manera de hacer esto es leer el pasaje completo y luego releer uno o dos versículos a la vez. Después de cada sección, convierte lo que has leído en una oración. Puede ser que respondas con oración, confesión, acción de gracias o petición. En el caso de una historia bíblica, podrías concentrarte en dos o tres versículos que te llamen la atención o que sinteticen la intervención de Dios en esa situación.

Tomemos Juan 14 como ejemplo. Podrías leer los versículos 1-10 para hacerte una idea general del pasaje, y luego relees el versículo 1:

> *No se turbe vuestro corazón; creéis en Dios, creed también en mí (Juan 14:1).*

48. Wayne Grudem, *1 Peter*, Tyndale New Testament Commentaries (Downers Grove: IVP Academic, 1988), p. 97.

Tal vez empieces confesando algunas maneras como se turba tu corazón. Luego, gózate en la invitación que te lanza Cristo a confiar en Él. Esta es una oportunidad para entregarle tus problemas. Ahora relee los versículos 2-3:

> *En la casa de mi Padre muchas moradas hay; si así no fuera, yo os lo hubiera dicho; voy, pues, a preparar lugar para vosotros. Y si me fuere y os preparare lugar, vendré otra vez, y os tomaré a mí mismo, para que donde yo estoy, vosotros también estéis (Juan 14:2-3).*

Da gracias a Jesús por preparar un lugar para ti con Dios en virtud de su muerte y su resurrección. Dale gracias por la promesa de que regresará para que podamos estar con Él. Pídele que te ayude a ver tus problemas a la luz de la eternidad.

> *[Jesús dijo:] Y sabéis a dónde voy, y sabéis el camino. Le dijo Tomás: Señor, no sabemos a dónde vas; ¿cómo, pues, podemos saber el camino? Jesús le dijo: Yo soy el camino, y la verdad, y la vida; nadie viene al Padre, sino por mí (Juan 14:4-6).*

Da gracias a Jesús por mostrarte el camino a Dios y por darte la promesa de la vida eterna. Ora porque los familiares y amigos que todavía no creen se acerquen también al Padre por medio de Jesús.

> *[Jesús dijo:] Si me conocieseis, también a mi Padre conoceríais; y desde ahora le conocéis, y le habéis visto. Felipe le dijo: Señor, muéstranos el Padre, y nos basta. Jesús le dijo: ¿Tanto tiempo hace que estoy con vosotros, y no me has conocido, Felipe? El que me ha visto a mí, ha visto al Padre (Juan 14:7-9).*

Alaba a Dios porque se ha revelado perfectamente en la persona de Jesús. Alábalo por todos los aspectos de su carácter que vemos en las acciones y en las palabras de Jesús. Expresa tu deseo de conocer más del Padre conociendo más de Jesús.

> *¿Cómo, pues, dices tú: Muéstranos el Padre? ¿No crees que yo soy en el Padre, y el Padre en mí? Las palabras que yo os hablo, no las hablo por mi propia cuenta, sino que el Padre que mora en mí, él hace las obras (Juan 14:9-10).*

Por medio de las palabras que habla Jesús (escritas para nosotros en la Biblia), el Padre hace su obra. Volvemos al punto de partida. Dios está presente y activo por medio de su Palabra. Ora porque Dios obre por medio de las palabras de Jesús en tu vida, en tu iglesia y en la misión que lleva a cabo tu iglesia.

Leer la Biblia es un proceso *educativo.* Aprendemos acerca de Dios gracias a lo que leemos. Pero es mucho, mucho más que eso. Es también un proceso *relacional.* Cada palabra que leemos y oímos en una predicación es una oportunidad para gozar de la comunión con Dios. En cada palabra podemos encontrar a Dios y oír su voz.

¿Por qué le digo a mi esposa "te amo"? Después de todo, ya se lo he dicho antes. No es información nueva. Aun así, ella nunca se queja porque yo se lo repita. Las palabras "te amo" la reconfortan y le permiten sentirse segura. Lo mismo sucede con el pueblo de Dios, aquellos a quienes Jesús llama su novia. Cada día nuestro pecado nos da razones para preguntarnos si Cristo nos ama todavía. Pero cada día, si estamos dispuestos a escuchar, Cristo nos confirma su amor en su Palabra. Tu objetivo principal, cuando lees la Biblia, no es buscar nuevas ideas (si bien puedes encontrar algunas ideas novedosas en tu lectura). Ponte como meta oír la voz de Dios y encontrarlo en su Palabra.

ACCIÓN

Cada día de esta semana ora con un pasaje de las Escrituras.

UN LUNES POR LA MAÑANA CON MIGUEL Y EMMA

Miguel cierra sus ojos. Trata de recordar el sermón de ayer. ¿Qué dijo su pastor? Algo acerca de que Cristo es nuestra justicia. Nada nuevo. Miguel lo ha escuchado ya muchas veces. Pero fue un gran consuelo oírlo ayer de nuevo. Y es un consuelo volver a recordarlo esta mañana.

Miguel piensa en el día que tiene por delante. Es muy fácil para él encontrar su identidad en su trabajo. Si el día es bueno, se siente satisfecho consigo mismo. Pero cuando el día es malo, regresa a casa descorazonado. Piensa en la tarde, en la reunión mensual de evaluación con su jefe. ¿Cómo va a sentirse después de eso? Pero no se queda ahí, sino que pasa a imaginar que está de pie delante de Dios, vestido con la justicia de Cristo. Piensa en todos los méritos de Cristo con los cuales lo rodea. Durante el sermón del día anterior, Miguel sintió que Dios le hablaba a él directamente. Una palabra de Dios justamente para él, justamente para la reunión de esa tarde. Y piensa: "Y ahora el Espíritu Santo me recuerda esa palabra".

Entre tanto, y un poco tarde, Emma se dirige a la entrada de la casa de Amanda. Se reúnen casi cada semana para leer la Biblia y orar juntas. Emma trata de recordar lo que hicieron la semana pasada. Algo en Filipenses. Algo acerca de conocer a Cristo. En cualquier caso, recuerda que en ese momento le pareció emocionante.

Así es: El vivir es Cristo y el morir es ganancia, algo así. El Espíritu Santo le había hablado realmente cuando ella y Amanda lo leyeron juntas. Incluso la muerte es una buena noticia si vives para Cristo. Había sido muy reconfortante. Todavía lo es. Sin importar lo que pueda sucederle a ella o a su familia, ella siempre tendrá a Cristo. *Necesito oír esto siempre,* piensa Emma. "Gracias, Espíritu Santo, por recordarme el mensaje del evangelio de la semana pasada. Te pido que me ayudes a mantenerlo fresco en mi memoria".

PREGUNTAS PARA REFLEXIONAR

- El capítulo anterior terminó con un desafío a dedicar tiempo a meditar en la vida eterna en la nueva creación. ¿Cómo te fue con esto? ¿Qué cambios observaste?

- ¿Cuándo sentiste que la lectura de la Biblia fue un verdadero deleite para ti? ¿Cuándo lo sentiste como un deber molesto? ¿En qué radica la diferencia?
- ¿Cuándo fue la última vez que sentiste que Dios te habló por medio de su Palabra? ¿Cómo podrías aproximarte a su Palabra para oír su voz?
- ¿Cómo planeas tu lectura de la Biblia? ¿Qué cambios podrías hacer?
- ¿Cómo has experimentado la obra del Espíritu Santo en tu vida en las últimas 24 horas?

EN CADA PERSONA PODEMOS GOZAR DEL AMOR DE DIOS

Dios nos ha dado la iglesia para ayudarnos a gozar de Él. La comunidad cristiana es el contexto principal donde puedes experimentar el gozo divino. Admito que esta es una declaración atrevida. La próxima vez que te reúnas con tu iglesia y eches un vistazo al recinto puede que no te parezca muy prometedor. Pero mira con los ojos de la fe y verás en tus hermanos y hermanas cientos de maneras en las cuales se perfeccionan el gozo y el amor divinos.

EL GOZO DIVINO SE PERFECCIONA EN LA COMUNIDAD CRISTIANA

Juan empieza su primera carta con una invitación a disfrutar de Dios: "lo que hemos visto y oído, eso os anunciamos, para que también vosotros tengáis comunión con nosotros; y nuestra comunión verdaderamente es con el Padre, y con su Hijo Jesucristo. Estas cosas os escribimos, para que vuestro gozo sea cumplido" (1 Juan 1:3-4). ¿Cuál es la receta de Juan? Veamos los ingredientes. Primero, empieza con la proclamación de la Palabra de vida (1:1-2). Segundo, añade la comunión con los cristianos, que están conectados a los primeros apóstoles por medio de lo que esos apóstoles escribieron en el Nuevo Testamento (1:3-4). Déjalo cocer a fuego lento por un tiempo y el resultado es gozo completo. La Palabra, la comunidad y el gozo se mezclan. Experimentamos gozo cuando se lee y se proclama la Biblia en la comunidad cristiana.

El teólogo y mártir alemán Dietrich Bonhoeffer dijo: "El Cristo que llevamos en nuestro propio corazón es más frágil que el Cristo en la palabra del hermano [otros cristianos]".[49] Veamos lo que quiere decir. Sucede con frecuencia que nuestros corazones nos condenan (1 Juan 3:19-22). Quizás hayamos caído en pecado, quizás nos asalte la duda. Nuestra mente está confundida y nuestro corazón aturdido. Entonces otro cristiano habla. Puede ser el predicador en la mañana del domingo. Puede ser una conversación con un amigo. El punto es que esas palabras te llegan desde el exterior. No es tu monólogo interno con toda su confusión. Estas palabras vienen como una declaración objetiva de buenas nuevas para tu corazón.

Esto es lo que hemos vivido por experiencia propia. La mayoría de veces en las que hemos sentido a Dios hablar, la comunicación ha venido por intermedio de otros cristianos. Por supuesto, esto puede suceder mientras lees la Biblia. Sin embargo, sucede con mayor frecuencia a través de otros creyentes. Encontramos la misma dinámica en la oración. Nos cuesta mucho orar solos durante períodos prolongados, pero en una reunión de oración, de algún modo, nos estimulamos los unos a los otros.

Bonhoeffer vinculó esto con la idea de que aquello que nos hace justos viene de nuestro exterior. No somos justificados con Dios por algo que haya en nuestro *interior*; no nos volvemos aceptables a Dios mediante nuestro propio esfuerzo. Antes bien, lo que nos justifica con Dios es la justicia de Jesús. Viene de *fuera* de nosotros. Bonhoeffer dijo:

---

49. Dietrich Bonhoeffer, *Vida en comunidad* (Salamanca: Ediciones Sígueme 2005), p. 14.

En sí mismo [el cristiano] no encuentra sino pobreza y muerte, y si hay socorro para él, solo podrá venirle de fuera. Pues bien, esta es la buena noticia: el socorro ha venido y se nos ofrece cada día en la palabra de Dios que, en Jesucristo, nos trae liberación... Esta palabra ha sido puesta por Dios en la boca de los hombres para que sea comunicada a los hombres y transmitida entre ellos... El cristiano, por tanto, tiene absoluta necesidad de otros cristianos; son quienes verdaderamente pueden quitarle siempre sus incertidumbres y desesperanzas. Queriendo arreglárselas por sí mismo, no hace sino extraviarse todavía más. Necesita del hermano como portador y anunciador de la palabra divina de salvación".[50]

Tú no necesitas la comunidad cristiana para saber que eres perdonado por Dios, ¡pero sí necesitas ayuda! A veces nuestros corazones nos condenan y la palabra de Cristo en boca de un hermano o de una hermana disipan la confusión.

En la película *La misión*, cuyo marco histórico es el siglo XVIII en Latinoamérica, Mendoza, el mercader de esclavos arrepentido (interpretado por Robert De Niro), escala una catarata como un acto de penitencia, con su armadura (símbolo de su vida pasada) atada a su espalda. La película escenifica de manera impresionante su lucha para llegar a la cima. El descanso solo viene cuando un miembro de la tribu indígena, a quien antes él había aterrorizado, corta el lazo y lo libera de su carga. La realidad objetiva de la aceptación de Dios se convierte en una experiencia liberadora a través de la aceptación de otros.

El tiempo que pasamos elevando cantos de adoración constituye una oportunidad para revivir juntos el gozo en Dios. Mientras cantamos declaramos la verdad. Pero la declaramos con música, de modo que participan nuestras emociones. No solo eso, sino que nuestro cuerpo entero participa en el acto: nos ponemos de pie, llenamos nuestros pulmones y tal vez levantamos las

50. Dietrich Bonhoeffer, *Vida en comunidad* (Salamanca: Ediciones Sígueme, 2005), pp. 14-15.

manos. Y cantamos juntos. Es un acto colectivo que comunica un fuerte sentimiento de solidaridad. No estoy solo. Juntos, como pueblo de Dios, disfrutamos de la gracia de Dios. Vez tras vez, por medio de la adoración, la verdad que conocemos en nuestras mentes cautiva nuestros corazones. Cuerpo y alma, palabras y música, tú y yo… todo se combina para que experimentemos el gozo en Dios.

EL AMOR DIVINO SE PERFECCIONA EN LA COMUNIDAD CRISTIANA

Juan continúa: "Y en esto sabemos que nosotros le conocemos, si guardamos sus mandamientos" (1 Juan 2:3). En este pasaje, Juan tiene un mandamiento específico en mente. En 1 Juan 2:7-8, el apóstol habla acerca de un antiguo mandamiento que es un nuevo mandamiento. ¿De cuál se trata? Juan tiene en mente las palabras de Jesús: "Un mandamiento nuevo os doy: Que os améis unos a otros; como yo os he amado, que también os améis unos a otros" (Juan 13:34). Es el antiguo mandamiento de amar, pero Jesús le da un giro nuevo. Estamos llamados a amar como Jesús. Así que, para Juan, obedecer los mandamientos de Jesús es otra manera de decir: *Ama como Jesús.*

Juan enumera tres afirmaciones falsas (1 Juan 2:4, 6, 9). Son las afirmaciones de aquellos que dicen conocer a Dios, pero que no aman a sus hermanos y hermanas. Por ejemplo, "el que dice: yo le conozco y no guarda sus mandamientos", es decir, su mandamiento de amar a la comunidad cristiana, "es un mentiroso, y la verdad no está en él" (2:4). Eso por el lado negativo. Sin embargo, Juan contrasta cada afirmación falsa con una palabra positiva de ánimo: "pero el que guarda su palabra", de amar a la comunidad cristiana, "el amor de Dios se ha perfeccionado… en él" (2:5).

Volviendo a 1 Juan 1:4, *el gozo divino se perfecciona* en la comunidad cristiana cuando proclama la palabra de Cristo. *El amor divino se perfecciona* en la comunidad cristiana en la medida en que nos amamos unos a otros. El amor a Dios se vuelve un amor completo cuando amamos a nuestros hermanos y hermanas. O el amor de Dios por nosotros alcanza su meta verdadera cuando nos amamos unos a otros. No puedes gozar del amor de Dios por tu cuenta, separado de los demás.

¡Así que no puedes amar a Dios separado de los demás! El amor de Dios solo se vuelve completo cuando amas a otras personas. Tienes que ser parte de una comunidad cristiana. Eso es lo que significa conocer a Jesús, obedecer a Jesús y vivir como Jesús vivió (1 Juan 2:3-6).

GOZAMOS DE DIOS CUANDO *RECIBIMOS* AMOR

Esto dice 1 Juan 4:12: "Nadie ha visto jamás a Dios. Si nos amamos unos a otros, Dios permanece en nosotros, y su amor se ha *perfeccionado* en nosotros". El punto que señala Juan es este: No podemos ver a Dios, pero podemos vernos los unos a los otros. Así pues, *vemos* el amor del Dios invisible en el amor de la iglesia visible. El amor de Dios se convierte en una realidad que puede ser vista, oída y tocada en la vida de la comunidad cristiana.

Cabe agregar que el amor fraternal no es un sustituto inferior del amor real, porque el amor fraternal *es* amor divino. Dios nos ama *por medio del* amor de otros cristianos. Él nos ama de otras maneras, por supuesto, mayormente en el regalo de su Hijo. Pero el amor que recibimos de otros cristianos tiene su origen en Dios.

El hermano que te comunica una palabra de aliento, la hermana que hornea un pastel para ti, la familia que te recibe en su casa, todos ellos son las manos y los pies de Dios. Cuando un hermano te abraza, Cristo te abraza. Cuando una hermana se sienta junto a tu cama de hospital, Cristo está sentado a tu lado. Cuando un amigo llora contigo, Cristo llora contigo.

El amor cristiano es el derramamiento del amor de Dios por nosotros. "Amados, amémonos unos a otros; porque el amor es de Dios… Amados, si Dios nos ha amado así, debemos también nosotros amarnos unos a otros" (1 Juan 4:7, 11). El amor de Dios se derrama sobre mí por medio de Jesús, y parte de ese amor salpica a mis hermanos y hermanas. Definitivamente no es algo que nazca de mi interior; es algo que proviene de Dios.

GOZAMOS DE DIOS CUANDO *DAMOS* AMOR

"Porque, ¿cuál es nuestra esperanza, o gozo o corona de que me gloríe?". Esa es la pregunta que se plantea Pablo en 1 Tesalonicenses 2:19-20. ¿Cómo la responderías? Esta es la respuesta de Pablo: "¿No lo sois vosotros? Vosotros sois nuestra gloria y gozo". Dice prácticamente lo mismo a la iglesia en Filipos. Habla de ellos como "amados y deseados, gozo y corona mía" (Filipenses 4:1). ¿Cuál es tu gozo y tu corona? El gozo y la corona de Pablo eran las iglesias a quienes él estaba vinculado.

Juan dice algo similar al comienzo de 1 Juan. En el capítulo 1 versículo 4 dice: "Les escribimos estas cosas para que *nuestro* gozo sea completo" (NBLA). Quizá esperarías que el apóstol dijera: "Para hacer el gozo *de ustedes* completo". Después de todo, es evidente que él escribe para llevar gozo a sus lectores. Entonces, ¿por qué dice "*nuestro* gozo"? Porque para Juan "el gozo de ustedes" *es* "nuestro gozo". Lo que Juan goza es ver que otros cristianos experimenten gozo. Nada le agrada más que las personas se gocen en Cristo. Ese es un gozo *completo.*

Afanarme por buscar mi propio gozo en Cristo puede ser contraproducente. Si se trata de un ejercicio egoísta de realización personal, el gozo va a ser esquivo, aun el gozo en Cristo. En cambio, si buscamos el gozo *mutuo*, nuestro gozo y amor son completos. De modo que si quieres encontrar gozo, es posible que tengas que dejar de buscarlo y, en lugar de eso, tengas que empezar a buscar el gozo de otros. Lo que resulta extraño es que nunca serás realmente feliz mientras insistas en buscar tu propia felicidad.

Hace poco mi esposa dijo: "Estás cansado, suspiras cuando la gente te pide hacer algo, y no estás siendo diligente en el discipulado". ¡Ay! Sí que tenía razón. Todo lo que tenía que hacer lo percibía como una carga. Estaba tratando de hacer lo que me haría feliz, pero no estaba funcionando. Sus palabras encendieron las alarmas. Nada cambió y todo cambió. Las tareas que había resentido como una carga se convirtieron en un gozo cuando traté de reorientarlas hacia los demás.

En la economía de Cristo, dar es ganancia. No quiero decir esto en el sentido que pregona "el evangelio de la prosperidad". No quiero sugerir que dar dinero se traduzca en una cuenta bancaria llena. Esa mentira sugiere que renuncias a los bienes terrenales para ganar más tesoros terrenales. En realidad, es una idea que refuerza el egoísmo, el cual nos roba el verdadero gozo.

En cambio, sí es cierto que nos hallamos a nosotros mismos cuando damos de nosotros mismos. Nuestro problema es que, con demasiada frecuencia, queremos ser cristianos radicales que llevan vidas cómodas. Queremos *dar todo* para Cristo y *tener todo* lo que esta vida ofrece. Queremos contar al mundo acerca de Cristo y queremos agradar a nuestros compañeros. Queremos crecer para ser más como Jesús y gozar de los placeres de este mundo. Sin embargo, esta indecisión no funciona. Las personas que buscan el placer terminan cansándose del mundo. Quienes desean tener éxito en todo son inseguros. Jesús dijo:

> *Si alguno quiere venir en pos de mí, niéguese a sí mismo, y tome su cruz, y sígame. Porque todo el que quiera salvar su vida, la perderá; y todo el que pierda su vida por causa de mí y del evangelio, la salvará. Porque ¿qué aprovechará al hombre si ganare todo el mundo, y perdiere su alma? (Marcos 8:34-36).*

Para alcanzar una vida rica y plena, una vida en la cual ha empezado a brillar la eternidad, es preciso perder nuestra propia vida y demostrar el amor de la cruz que está dispuesto a sacrificarse.

Intenta acompañarme en un experimento mental. Piensa en los cristianos que conoces y que más se preocupan por sus propias necesidades y deseos. Y piensa en los cristianos que conoces y que son infelices. Mi sospecha es que vas a descubrir que estos dos grupos coinciden muchas veces. Ahora haz una lista de los cristianos que conoces y que piensan más en los demás que en ellos mismos. Mi sospecha es que, entre ellos, vas a encontrar algunos de los cristianos más felices. Aunque esto contradice el sentido común, entre más te niegas a ti mismo para amar a otros, más gozo experimentas.

Por supuesto, hay que cultivar relaciones con personas de tu edad o con personas que tienen intereses similares a los tuyos. No obstante, lo que distingue al amor que se asemeja al amor de Cristo es la manera en que atraviesa barreras étnicas, generacionales y sociales. Ama, pues, a las personas de tu iglesia. No te limites a servirlas como un simple deber. Goza de tus relaciones con ellas. Pasa tiempo con ellas. Construye comunidad con ellas. Amar a tu comunidad cristiana te reportará profundas y duraderas recompensas.

Juan hace una declaración asombrosa en 1 Juan 2:8, la cual es fácil pasar por alto. Él dice: "Os escribo un mandamiento nuevo, que es verdadero en él *y en vosotros*". El rasgo distintivo del amor cristiano que es visto en Jesús también es visto *en ti*. Puede que tu iglesia tenga toda clase de problemas y defectos. Puede que no parezca muy especial. Pero mira por un momento más allá de esas limitaciones. Mira tu comunidad como Juan la ve. Él ve la luz de un nuevo amanecer que se levanta en tu comunidad (2:9-11). Somos el prototipo de la nueva creación. El futuro ha irrumpido en la historia y puede ser visto en tu comunidad cristiana. Nuestras ciudades y pueblos son lugares de oscuridad espiritual. Pero cada vez que se funda una iglesia, es como si Dios encendiera una luz. La luz brilla a través del amor cristiano.

En mi iglesia hay dos hombres que a menudo hablan con nostalgia acerca de una época en la que trabajaron juntos para remodelar la casa que uno de ellos acababa de comprar. Eso sucede con frecuencia entre los hombres. No comunicamos nuestras emociones cara a cara. En cambio, creamos fuertes vínculos cuando hacemos algo juntos, ya sea caminar, trabajar, jugar, servir. Lo mismo sucede con Jesús. Nos sentimos más cercanos a Él cuando servimos juntamente con Él. En el mundo al revés del reino de Dios:

- nos encontramos cuando nos perdemos
- entre más damos, más ganamos
- experimentamos plenitud cuando nos negamos a nosotros mismos
- nos sentimos más felices cuando buscamos la felicidad de otros

PUESTA EN PRÁCTICA

¿Cómo puede tu comunidad cristiana ayudarte a gozar de Dios? ¿Cómo puedes ayudar a otros a gozar de Dios? Estas son algunas ideas:

1. *Busca a alguien con quién orar.* No tienes que contar a todo el mundo acerca de tus luchas, pero tener al menos una persona con quien puedas ser sincero y transparente es algo que realmente ayuda. Busca a alguien que te ame lo suficiente para decirte la verdad, alguien que te "[habla] la verdad en amor" (Efesios 4:15, NBLA). Escucha sus palabras como un mensaje que viene de Cristo mismo. Y no olvides hablar también la verdad en amor.

2. *Permite que otros canten para ti.* Una de las cosas que me gusta hacer de cuando en vez es dejar de cantar y oír como si la canción fuera interpretada solo para mí. Puede ser un momento muy intenso. Toda la verdad de la canción se dirige a mi corazón con todo el poder de la música. Por supuesto que no podemos hacerlo todos a la vez, de lo contrario, no quedaría nadie cantando. Pero inténtalo de cuando en vez. Algo que ayuda es ubicarte en las primeras filas para que la mayoría de las personas canten hacia donde te encuentras, como un muro de sonido que se dirige hacia ti para avivar tus emociones.

3. *Observa a las personas cuando tomas la comunión.* Con frecuencia, las personas hacen de la cena del Señor un momento

privado con Dios. Sin embargo, se trata de un acto colectivo. "Siendo uno solo el pan, nosotros, con ser muchos, somos un cuerpo; pues todos participamos de aquel mismo pan" (1 Corintios 10:17). Observa a tus hermanos y hermanas cuando toman el pan y el vino. Reflexiona en la gracia de Dios que se ha manifestado en sus vidas. Piensa cuán hermoso es que personas tan diversas se junten como familia por medio del evangelio.

4. *Invita a alguien a comer.* Jesús pasó una parte considerable de su ministerio en una mesa comiendo con personas. Fue así como expresó comunión con otros y como llevo a cabo su misión. Al comer con pecadores personificó poderosamente la gracia de Dios para con ellos. Nosotros también podemos expresar la gracia de Dios hacia las personas en torno a la mesa, con una comida. Es una manera de brindar amistad. Si tus circunstancias dificultan el poder invitar a otras personas a comer, invítalas a tomar algo o a un pícnic. Una comida es el mejor primer paso para una vida en comunidad[51].

ACCIÓN

Toma la iniciativa de invitar a alguien de tu iglesia a comer.

UN LUNES POR LA MAÑANA CON MIGUEL Y EMMA

"Disculpa el desorden", dice Amanda. Emma sonríe. La casa de Amanda siempre está en desorden. Ella traslada una canasta de ropa de la silla a la mesa, para que Emma pueda sentarse. Amanda le sirve una tasa de café, que estaba demasiado concentrado. Emma no sabe cómo Amanda logra manejar tanto desorden.

Con todo, Emma no se perdería por nada del mundo su reunión semanal con Amanda. Ella la había reconfortado mucho

---

51. Puedes encontrar más acerca del papel de las comidas en la construcción de comunidad en mi libro *A Meal with Jesus: Discovering Grace, Community, and Mission around the Table* (Wheaton: Crossway, 2011/Nottingham: IVP, 2011).

en los últimos años. Para ella es muy provechoso hablar acerca de todo, orar juntas, compartir unas lágrimas. Cuando Cindy murió, hubo ocasiones en las que Emma dudó del amor de Dios. Pero, de algún modo, sintió el amor de Dios con mayor certeza después de pasar tiempo con Amanda.

"Eres literalmente un regalo de Dios", dice Emma. Amanda levanta la ceja en actitud dubitativa y Emma le explica: "El día no tuvo un buen comienzo? Pero aquí estás, con una taza de té, un regalo de Dios". "¿El té o yo? ¿Cuál es el regalo de Dios?", pregunta Amanda. Emma sonríe y le dice: "Ambos. Definitivamente ambos".

PREGUNTAS PARA REFLEXIONAR

- El capítulo anterior terminó con un desafío a orar con las Escrituras. ¿Cómo has progresado con ello?
- ¿En qué ocasión has sentido en tu corazón el efecto poderoso de una palabra que te ha dicho otro cristiano, o has experimentado el amor de Dios por medio de la amabilidad de otros cristianos?
- ¿En qué momentos has descubierto que la búsqueda egoísta de la felicidad resulta contraproducente?
- Piensa en los cristianos que conoces y que más se preocupan por ellos mismos, por sus deseos y por su estatus. Y luego piensa en los cristianos que conoces y que se preocupan más por servir a otros y por la gloria de Dios. ¿Quiénes son más felices?
- En la economía de Cristo dar es ganar. ¿Qué podrías dar tú?

EN EL ARREPENTIMIENTO DIARIO Y EN LA FE PODEMOS GOZAR DE LA LIBERTAD DE DIOS

Piensa en las relaciones humanas. Piensa en lo que sucede cuando decepcionas a una persona. ¿Cómo te relacionas con ella después de que eso sucede? No puedo hablar por ti, pero yo espero no encontrarme con ella. Me siento avergonzado y apenado. Me preocupa cómo van a tratarme. Si puedo, prefiero evitarla.

O quizá hayas tenido la experiencia contraria, la de reconciliación. Una relación se deterioró y tú sentiste el dolor de la ruptura. Entonces decidiste al fin tragarte tu orgullo y decir "lo siento". Y la persona te perdonó y la relación se restauró. A menudo eso produce un sentimiento de júbilo; se recuperó todo lo que se había perdido.

Nuestra relación con Dios funciona de manera similar. Cuando decepcionamos a Dios porque pecamos, sentimos que la relación se ha roto. Pero no se ha roto, porque Dios sigue amándonos. Esa es una verdad vital que debemos recordar. Sin embargo, nosotros *sentimos* que está rota. Nos sentimos avergonzados y puede que optemos por distanciarnos. La verdad maravillosa es que cuando volvemos a Dios en arrepentimiento, recuperamos el gozo en Dios.

Mientras reflexionaba en lo que significa gozar de Dios, creo que esta es la razón principal por la cual no gozo de Dios como debería: mi falta de arrepentimiento.

El problema *no* es que yo peque. El pecado en sí mismo no me aparta de Dios porque Dios me extiende su gracia y Él ha provisto los medios de reconciliación por medio de la obra de su Hijo. De modo que el pecado por sí solo no me impide gozar de Dios. El problema puede ser:

- que yo me mantengo alejado de Dios porque elijo el pecado en lugar de Dios, *o*
- que yo me mantengo alejado de Dios porque me siento avergonzado.

Y la solución en ambos casos es el arrepentimiento.

El arrepentimiento no suena como algo divertido. Supone reconocer que estás equivocado o apartarse de los placeres del pecado. Sin embargo, considera el arrepentimiento como la puerta a los placeres de Dios. A veces puede ser un estrujón el paso por esa puerta. Pero al otro lado hay un espacio amplio y abierto lleno de luz y de amor.

EL SECRETO DE LA FELICIDAD

En el Salmo 32, David nos invita a seguirlo y a atravesar la puerta del arrepentimiento para llegar al parque de los placeres del amor de Dios. Empieza con unas palabras de sabiduría:

> 1 *Bienaventurado aquel cuya transgresión ha sido perdonada,*
> *y cubierto su pecado.*
> 2 *Bienaventurado el hombre a quien Jehová no culpa de iniquidad,*
> *Y en cuyo espíritu no hay engaño (Salmo 32:1-2).*

Este es el secreto de la felicidad. ¿Quién es bienaventurado o feliz? *No* es la persona que está libre de pecado. Esa persona no existe. "Bienaventurado aquel que no peca" no sería una declaración de buenas noticias. Eso solo nos aplastaría. Por supuesto, podemos exhortarnos los unos a los otros a la obediencia. Pero la buena noticia de este salmo es que no tienes que esperar hasta alcanzar algún nivel superior de piedad para poder disfrutar de la bendición de Dios. Gozar de Dios *nunca* es un logro de nuestra parte. Es un regalo que recibimos en Cristo. Una vida bendecida está a tu disposición *ahora mismo*. El secreto no es la perfección, sino el perdón.

En los versículos 1-2 encontramos tres expresiones que se refieren a esta reconciliación. Primero, nuestros pecados son "perdonados" (Salmo 32:1). Es decir, son quitados. El Salmo 103:12 dice: "Cuanto está lejos el oriente del occidente, hizo alejar de nosotros nuestras rebeliones". Es una imagen muy bella porque el oriente y el occidente están constantemente en lados opuestos, lejos el uno del otro. En tiempos del Antiguo Testamento, se escogían dos machos cabríos el día de la expiación. Uno era sacrificado como sustituto por la paga del pecado. El otro recibía la confesión de los pecados del pueblo que le era impartida sobre su cabeza antes de ser expulsado del campamento (Levítico 16:8-10). Era una imagen poderosa de cómo nuestro pecado es alejado de nosotros hasta que desaparece en el horizonte.

Segundo, nuestros pecados son "cubiertos" (Salmo 32:1). Después que Adán y Eva se rebelaron contra Dios, se dieron cuenta de que estaban desnudos, y se sintieron avergonzados. Entonces se escondieron de Dios. Y eso es precisamente lo que me sucede a mí. Yo peco, y luego me escondo de Dios. Guardo mi distancia. Siempre titubeo antes de pronunciar esa primera oración después de haber pecado. Pero Dios hizo vestiduras de pieles de animal para Adán y Eva (Génesis 3:21). Esa fue una imagen que simbolizó el sacrificio de su Hijo que cubre nuestra vergüenza. Podemos presentarnos confiados delante de Dios, aun cuando hemos pecado, porque estamos vestidos con la justicia de su Hijo.

Tercero, el Señor no nos culpa por nuestro pecado (Salmo 32:2). Pablo cita estos versículos en Romanos 4:6-8. El punto que Pablo quiere señalar es que por medio de la fe, Dios ya no nos inculpa por nuestro pecado, sino que nos considera justos en Cristo. Nuestros pecados son imputados a Cristo y Él los lleva en la cruz. Y a cambio, la justicia de Cristo nos es imputada a nosotros.

Esto es lo que experimenta todo aquel que se vuelve a Dios en arrepentimiento. Entonces, ¿cuál es el problema? ¿Por qué no experimentamos en mayor medida esta felicidad?

EL PECADO SIN CONFESAR ARRUINA NUESTRO DISFRUTE DE DIOS

3 Mientras callé, se envejecieron mis huesos
En mi gemir todo el día.
4 Porque de día y de noche se agravó sobre mí tu mano;
Se volvió mi verdor en sequedades de verano (Salmo 32:3-4).

Su pérdida de gozo se resume en las palabras "mientras callé" (v. 3). David se negó a reconocer su pecado y, en lugar de esto, trató de encubrirlo (como deja claro el contraste con el versículo 5). Fingió que no importaba. Lo barrió por debajo del tapete.

Tú puedes ser un experto en ocultar tu pecado de las demás personas. Pero eso no te trae gozo. Crees que sacarlo a la luz será desastroso. Pero encubrirlo no te hace feliz. Por el contrario, esa actitud nos deja con un malestar. Al postergar el arrepentimiento, nos apartamos del amor y de la vida de Dios. Nuestro malestar puede incluso traducirse en dolencias físicas. David lo sintió en sus huesos. Hoy se habla acerca de problemas psicosomáticos. Sin embargo, los lectores de la Biblia siempre han sabido que nuestro estado mental puede afectar nuestro bienestar físico.

Dios no es pasivo en esta situación. Él no nos deja, por así decirlo, escondidos y alejados. Él nos busca en su amor. "Porque de día y de noche se agravó sobre mí tu mano", dice David (v. 4). A veces Dios incrementa nuestro dolor, pero su objetivo es siempre llevarnos a un gozo mayor. Tu desdicha puede ser el llamado que Dios te hace a encontrar la felicidad en Él.

Mi sospecha es que la mayoría de nosotros estamos dispuestos a reconocer que somos pecadores en un sentido general. Cada domingo nos unimos a las oraciones de confesión en nuestra iglesia. ¿Cuál es entonces el problema? Quizá la clave es la palabra "engaño" en el versículo 2. El versículo 2 dice que es bienaventurado aquel "en cuyo espíritu no hay engaño". Los versículos 3-4 describen a aquellos en cuyo espíritu hay engaño. Estas son tres "tácticas" que usamos para rehuir el verdadero arrepentimiento.

1. Minimizamos el pecado. David no dice que el problema sean los sentimientos de culpa. El problema es la culpa. Es una realidad objetiva. En el versículo 5, él habla de "la maldad de mi pecado". Mi pecado está mal. Y no es algo insignificante. No es un desliz. Es un intento por destronar a Dios.

2. Excusamos el pecado. Decimos "he hecho algo malo, pero...". Apelamos a circunstancias atenuantes. "Estaba bajo demasiada presión... la tentación fue excesiva...". Culpamos a nuestras hormonas, a nuestra historia familiar o a nuestras circunstancias. En realidad es culpa de Dios, alegamos, por permitir que esta situación se presente.

3. *Consentimos la tentación.* La Biblia nos manda *huir* de la tentación (1 Timoteo 6:11). Siempre que veas la tentación, se supone que debes correr en la dirección contraria. Pero esto es lo que yo hago. No le digo sí a la tentación, pero tampoco le digo no. Consiento la idea. Postergo cualquier rechazo decisivo. Me arriesgo. ¡Y es muy difícil venir delante de Dios en oración cuando estás contemplando rechazarlo!

Hay buenas razones por las cuales no podemos minimizar ni excusar nuestro pecado, ni consentir la tentación, razones por las cuales esto es teológicamente contradictorio. Pero ciñámonos a la razón que presenta este salmo: esto conduce a la infelicidad. Tu corazón va a gemir (v. 3), tu energía se va a debilitar (v. 4). Y eso sucede porque te impide gozar de Dios; te aparta de su vida, de su poder y de su amor.

CONFESAR EL PECADO RESTAURA NUESTRO DISFRUTE DE DIOS

La única solución verdadera y duradera es reconocer y confesar nuestro pecado.

> *Mi pecado te declaré, y no encubrí mi iniquidad.*
> *Dije: Confesaré mis transgresiones a Jehová;*
> *Y tú perdonaste la maldad de mi pecado (Salmo 32:5).*

Lo impresionante acerca de este versículo es que revela que no existe un desfase entre la confesión y el perdón. No hay tardanza. No hay requisitos. Tan pronto como David confesó su pecado, fue perdonado por Dios.

La misma experiencia que tuvo David de un gozo renovado en Dios puede ser *tu* experiencia de un gozo renovado. Puede ser que hayas gemido bajo el peso del pecado oculto o que hayas consentido la tentación durante años. Y hoy eso puede ser perdonado. Puede ser borrado, por así decirlo, en el espacio de un solo versículo. Un acto de verdadera confesión es lo único que hace falta. David convierte su propia experiencia en una invitación para todo el pueblo de Dios.

> 6 *Por esto orará a ti todo santo en el tiempo en que puedas ser hallado;*
> *Ciertamente en la inundación de muchas aguas no llegarán éstas a él.*
> 7 *Tú eres mi refugio; me guardarás de la angustia;*
> *Con cánticos de liberación me rodearás (Salmo 32:6-7).*

David habla de estar a salvo de "la inundación de muchas aguas" (v. 6). Esto nos recuerda el diluvio de Noé, donde el agua representa el juicio de Dios (Génesis 6-9). Encontramos la misma imagen en Éxodo 14, cuando el pueblo de Israel atravesó el mar Rojo a salvo mientras el ejército egipcio fue juzgado en la inundación de muchas aguas. Como resultado, los israelitas entonaron un cántico de liberación en Éxodo 15, tal como lo hace David en el versículo 7. Cuando confesamos el pecado y recibimos el perdón, nos hacemos partícipes de la historia más amplia del pueblo de Dios. Puedes experimentar lo que experimentó Noé cuando fue librado del diluvio, y lo que experimentaron los israelitas cuando atravesaron el mar Rojo, y lo que el pueblo de Dios experimentó cuando morimos y resucitamos en Cristo. Pasamos por el juicio de Dios en Cristo y entramos en el reino de su amor.

Supongamos que has tenido un mal momento con tu esposo o esposa. Le has gritado. Has salido con gran enojo. Has azotado la puerta. Y cuando ibas hacia tu trabajo, repites la conversación en tu cabeza añadiendo más ofensas. Sin embargo, a medida que las emociones ceden, te das cuenta de que en parte fue tu culpa. ¿En parte? Bueno, tal vez en su mayor parte. Fuiste egoísta, orgulloso e hipócrita. ¿Cómo te sientes ahora? Tu cónyuge tiene buenos antecedentes de haberte perdonado, pero aun así te preguntas si va a ventilar su enojo o va a ignorarte. De manera que te diriges a casa al final del día con cierta reticencia. Esperas que lo haya olvidado todo, aunque eso parece improbable. Cuando atraviesas la puerta, saludas de manera efusiva, pero no puedes mirar a los ojos. Conversan de temas intrascendentes, pero puedes sentir la tensión subyacente. Te sientes tentado a pasarlo por alto, a hacer caso omiso del "elefante" en la sala, hasta que se vaya. Pero la situación es desdichada. Solo hay una solución. "Siento mucho lo que dije esta mañana". ¿Qué sucede después? En la mayoría de los casos, hay perdón, seguido de un afecto mutuo renovado.

Te diré cómo funciona con Dios y yo. He pecado contra Él a tal punto que pesa en mi mente. Sé que él me extiende su gracia y sé que Cristo ha muerto por mi pecado, aun ese pecado específico. Pero me siento reacio a orar. Me mantengo alejado de Dios, por así decirlo. Me siento avergonzado. ¿Cuál es el resultado? Desdicha. Así que termino por dejar mi orgullo a un lado, vencer mi temor y volver a Dios. "Lo siento, Padre. Lo que hice estuvo mal. No hay excusas. Fue un acto de desobediencia e ingratitud. Te pido que me perdones. Recuerda tus promesas, tu misericordia, la sangre derramada de Jesús". ¿Y cuál es el resultado? Gozo renovado, muchas veces con un sentido renovado de la maravillosa gracia de Dios.

UNA INVITACIÓN A DISFRUTAR DE DIOS

No seas obstinado como una mula. Esa es la exhortación de David en el versículo 9.

> *No seáis como el caballo, o como el mulo, sin entendimiento,*
> *Que han de ser sujetados con cabestro y con freno,*
> *Porque si no, no se acercan a ti (Salmo 32:9).*

No seas demasiado orgulloso para reconocer tu falla. No dejes que la vergüenza te impida sacar a la luz tu culpa. No te mantengas alejado. Antes bien, sé sabio y busca a Dios con buena disposición, libremente y con gozo.

Dios no te aparta de Él cuando tú pecas. Él no se mantiene alejado hasta que hayas sufrido lo suficiente para expiar tu pecado. Cristo ya ha pagado el precio de tu pecado por completo, incluso el pecado específico que tienes en mente en este momento. Ya fue quitado y ha sido cubierto (v. 1).

Si sientes que Dios está distante, es porque *tú* te has distanciado de *Él.* Tal vez consientas la tentación y tu corazón esté dividido. Tal vez te ocultes por vergüenza. No tienes que vivir así. Dios está dispuesto a rodearte con su amor infalible. Escucha las palabras de Jesús a la iglesia de Laodicea:

> *Yo reprendo y castigo a todos los que amo; sé, pues, celoso, y arrepiéntete. He aquí, yo estoy a la puerta y llamo; si alguno oye mi voz y abre la puerta, entraré a él, y cenaré con él, y él conmigo (Apocalipsis 3:19-20).*

Este pasaje se utiliza con frecuencia como una invitación para los incrédulos a "invitar a Jesús a sus corazones". Sin embargo, en realidad estas palabras están dirigidas a los creyentes. Jesús está allí, tocando a la puerta. Él quiere venir y comer contigo. En otras palabras, Él quiere que tú goces de una relación con Él. No lo mantengas a distancia.

Permíteme darte cuatro sugerencias acerca de cómo funciona un estilo de vida de arrepentimiento constante. Vamos a llamarlas "las disciplinas del arrepentimiento".

1. *Arrepiéntete de cada pecado.* Cuando peques, pide perdón a Dios de inmediato. No tardes en hacerlo. Hazlo de inmediato. Y cuando lo hagas, asegúrate de rechazar también el pecado; no entretengas ningún pensamiento que contemple la posibilidad de deleitarse en el mismo pecado más adelante.

2. *Arrepiéntete de cada tentación.* La tentación no es pecado. Hebreos dice que Jesús fue tentado, pero sin pecado (Hebreos 4:15). Sin embargo, debemos huir de la tentación. La palabra "arrepentimiento" significa "dar un giro". Significa apartarse del pecado y dirigirse hacia Dios. Debemos tomar la determinación de decir "no" cuando sentimos que el pecado nos llama. Permíteme animarte a rechazar de manera activa el pecado cada vez que te sientas tentado. En ese momento, dile "no" al pecado y dile "sí" a Jesús. Si puedes hacerlo sin sentirte apenado, dilo en voz alta. Eleva una breve oración. Y luego da la vuelta y corre en la dirección opuesta. Huye de la tentación.

3. *Arrepiéntete cada día.* Consagra tiempo diariamente a pensar en las últimas 24 horas y a arrepentirte de todo pecado del

que seas consciente. Lo que resulta más fácil es incluir este hábito como parte de tu tiempo de lectura bíblica y oración diarios. Pide al Espíritu que te revele tu pecado. El objetivo no es hacerte sentir mal contigo mismo. Todo lo contrario. El objetivo es que el gemido descrito en los versículos 3-4 abra paso a la felicidad de los versículos 1-2.

4. *Arrepiéntete cada semana.* Si tu iglesia tiene una oración de confesión, ya sea como parte del culto o una directiva desde el púlpito, atesora y saca el mayor provecho de ese momento. Por lo general, yo oro cuando voy de camino a mi oficina. Empiezo a confesar mi pecado cuando voy en descenso por nuestra calle. Luego doy vuelta en la esquina y subo el sendero empinado en medio de los árboles. Y en ese momento empiezo a pensar en el tiempo de confesión colectiva que tendremos en el siguiente culto dominical por la mañana. Sé que Dios me ha perdonado. Sin embargo, me gozo en oír su palabra de seguridad y de perdón en la comunidad cristiana.

Lo que ocurre después depende de la visión que tengas de Dios. Puedes elegir los placeres del pecado o los placeres de Dios. Puedes esconderte en temor o acudir a Dios en confesión. Tu elección depende de cuál es tu visión de Dios. El escritor norteamericano A.W. Tozer dijo: "Si fuéramos capaces de extraer de cualquier hombre la respuesta completa a la pregunta: '¿Qué viene a su mente cuando piensa acerca de Dios?', podríamos predecir con certeza el futuro espiritual de aquel hombre".[52]

La frase clave en este salmo es el versículo 10: "Mas al que espera en Jehová, le rodea la misericordia". Nunca vas a volverte a Dios a menos que pienses que su amor no falla y que su amor te rodea. Este salmo nos invita a dejarnos rodear por el amor del Padre.

52. A. W. Tozer, *The Knowledge of the Holy* (San Antonio, TX: BiblioTech Press, 2016), p. 1. Publicado en español por Vida con el título *El conocimiento del Dios santo.*

Si ves a Dios como un juez áspero o un rey cruel, vas a mantenerte alejado de Él. Por supuesto que así será. En el huerto de Edén, Satanás presentó a Dios como un tirano, y desde entonces la humanidad ha estado escondiéndose de Dios.

Sin embargo, Jesús revela a Dios como un Padre amoroso. Estamos de vuelta al punto inicial, con la Trinidad. Jesús Hijo de Dios nos capacita para participar de su experiencia filial. El Padre ama a aquellos que están en el Hijo con el mismo amor que Él tiene para su Hijo. Juan Calvino dijo: "Nadie por su voluntad y de buen grado se sujetará a Dios sin que, habiendo primero gustado su amor paterno, sea por Él atraído a amarle y servirle".[53]

¿Cuál es la razón por la cual Dios te ama? Por lo general, nuestro instinto nos lleva a buscar la respuesta en nosotros mismos. En nuestro orgullo queremos pensar que, de algún modo, merecemos el amor de Dios. Sin embargo, cuando miramos nuestro interior, lo que encontramos es pecado. Mirar nuestro interior conduce a una gran inseguridad, porque encontramos fealdad. Encontramos razones por la cuales Dios *no* debería amarnos. En vez de eso, mira a Cristo y la cruz. Porque "Dios muestra su amor para con nosotros, en que siendo aún pecadores, Cristo murió por nosotros" (Romanos 5:8).

He aquí la conclusión: "Alegraos en Jehová y gozaos, justos; y cantad con júbilo todos vosotros los rectos de corazón" (Salmo 32:11). El salmo termina con tres mandamientos: "Alegraos… gozaos… cantad". ¡Son mandamientos de felicidad! Charles Wesley escribió un himno titulado "Cariñoso Salvador" basado en este salmo. Así termina el himno:

Gracia plena hallo en ti
para mi maldad limpiar,
Que esta fluya para mí,
quiero puro en ti morar;

53. Juan Calvino, *Institución de la religión cristiana.* (Rijswijk: FELIRE, 1999), 1.5.3.

Tú el vivo manantial,
déjame en ti beber,
Que tu vida eternal
brote siempre en mi ser.[54]

PUESTA EN PRÁCTICA

Cada día de esta semana dedica tiempo a identificar, confesar y rechazar el pecado. Formúlate las siguientes preguntas.

1. ¿Qué excusas estoy interponiendo? Muchos detestamos los efectos del pecado en nuestras vidas, el sentido de vergüenza o las relaciones rotas. A pesar de eso, seguimos amando el pecado. De modo que culpamos nuestra crianza, a otras personas o a nuestras circunstancias. Hacer esto nos permite dejar nuestro pecado intacto. Pero si no estás haciendo morir el pecado, el pecado va a hacerte morir a ti.

2. ¿Cómo puedo huir de la tentación? No te preguntes: "¿Qué me es permitido hacer?" ni "¿Cómo puedo salirme con la mía. Pregúntate más bien: "¿Cuánto puedo alejarme?". ¿Cómo puedes evitar aquello que alienta un razonamiento equivocado? ¿Cómo puedes evitar situaciones en las que puedes ser tentado?

3. ¿Cómo puedo abrazar a Dios en lugar de lo demás? ¿Cómo te ofrece Dios algo más que lo que te ofrece tu pecado? ¿Cómo puedes estimular tus afectos para que tu amor por Jesús sea más grande que tu amor por el pecado?

4. ¿Quién puede ayudarme? ¿A quién podrías pedir que te anime, te desafíe o te pida cuentas? ¿Quién va a decirte la verdad sin tapujos? No te conformes con buscar que

54. Charles Wesley, "Jesus, lover of my soul"; "Cariñoso Salvador", trad. Wayne Andersen (estrofa 4).

te comprendan. Un poco de comprensión es útil, pero la comprensión indiscriminada alimenta tu insatisfacción o victimización. ¿Quién te va a señalar tus excusas y te va a guiar a Jesús?

ACCIÓN

Cada día de esta semana dedica tiempo a identificar, confesar y rechazar el pecado.

UN LUNES POR LA MAÑANA CON MIGUEL Y EMMA

Con media hora de retraso, Miguel está por fin sentado en su escritorio. "¿Cómo estuvo la iglesia?", le preguntó Roberto. Roberto es el único colega cristiano de Miguel. ¿Cómo estuvo la iglesia? La verdad es que Miguel siente como si eso hubiera sucedido hace ya mucho tiempo. Ayer su pastor habló acerca de una relación con Dios. Y el domingo sonaba como una posibilidad real. Pero eso fue el domingo y hoy es lunes. Hoy se siente como una realidad mucho más esquiva. Si solo tuviera más tiempo para orar, tal vez así podría Miguel gozar de Dios. Quizá pueda recrear ese sentimiento de gozo que experimentó el domingo por la mañana. O quizá solo tenga que esperar hasta el próximo domingo. ¿El próximo domingo? Apenas es lunes por la mañana.

Sin embargo, Miguel reconsidera. Dios ha puesto su huella a todo lo largo de su mañana del lunes. Miguel piensa en el emparedado de tocino, un regalo de su Padre. Piensa en el propósito del Padre con el retraso del tren (aun cuando fue un poco misterioso), y cómo Él se deleita en sus oraciones fluctuantes. Piensa en la gracia del Hijo cuando él falla, su presencia cuando él sufre, su toque especial durante la comunión. Piensa en la ayuda del Espíritu en la tentación, su recordatorio de la gloria venidera y del camino que le ha revelado por medio de la Palabra de Dios. Incluso Roberto es una señal del amor de Dios. ¡Dios ha tenido una mañana ocupada con él!

"Padre, estás presente en mi vida cada día. Perdóname por

aquellos momentos en los que te evito porque quiero vivir a mi manera. Fallo muchas veces. Pero tu amor no falla. Quiero vivir mi vida rodeado de ese amor infalible".

PREGUNTAS PARA REFLEXIONAR

- El capítulo anterior terminó con un desafío a tomar la iniciativa de invitar a comer a alguien de tu iglesia. ¿Cómo fue tu experiencia?
- ¿Cuáles son algunas maneras como tú minimizas el pecado, excusas el pecado o consientes la tentación?
- ¿Cuáles son tus "ritmos" de arrepentimiento? ¿Hay ajustes que necesites hacer para convertir esto en tu rutina diaria?
- La decisión de volverte a Dios en arrepentimiento depende de tu visión personal de Dios. Recuerda la última vez que te sentiste culpable por pecar. ¿Cómo viste a Dios en ese momento? ¿Cómo nos enseña el Salmo 32:10 a ver a Dios en esos momentos?
- Piensa en un pecado específico con el cual luchas. Pregúntate: ¿Qué excusas me estoy inventando? ¿Cómo puedo huir de la tentación? ¿Cómo puedo abrazar a Dios en lugar del pecado? ¿Quién puede ayudarme?

DOS PRINCIPIOS FUNDAMENTALES

No hace falta que sepas cómo funciona un motor para poder conducir un auto. Y no hace falta que conozcas los fundamentos teológicos de este libro para gozar de una relación con Dios. Sin embargo, resulta útil saber un poco acerca del motor, especialmente cuando algo deja de funcionar.

Existen dos principios subyacentes en este libro: el principio de tres y uno, y el principio de unión y comunión. Estos principios…

- Tienen la capacidad de transformar nuestra relación con Dios.
- Son muy sencillos y no requieren habilidades muy especiales.
- Se les pasa por alto con frecuencia en la actualidad.

Sin embargo, estos principios no son nuevos. Me gustaría poder darme crédito por ellos, pero en realidad han salido de *Communion with God* (Comunión con Dios), un libro que fue escrito en 1657 por el gran teólogo puritano John Owen.[55] La traducción del título completo del libro es: "De la comunión con Dios Padre, Hijo y Espíritu Santo, cada persona de manera distinta, en amor, gracia y consuelo, o el desarrollo de la comunión de los santos con el Padre, el Hijo y el Espíritu Santo". No es muy conciso, pero nos presenta nuestro primer principio fundamental: *A Dios se le conoce en tres Personas, de modo que nos relacionamos con el Padre, el Hijo y el Espíritu.*

1. EL PRINCIPIO DE TRES Y UNO

La teología cristiana siempre ha afirmado que la esencia y la naturaleza de Dios es incognoscible. Solo podemos hacer declaraciones de Dios en sentido negativo: Dios *no* cambia, Dios *no* muda, Dios *no* es finito, etc. Cualquier descripción de la naturaleza de Dios incluye categorías y conceptos que exceden nuestra comprensión. De modo que solo podemos decir lo que *no* es su naturaleza. Incluso las declaraciones que parecen afirmativas acerca de la naturaleza de Dios deberían ser consideradas realmente como negativas. Por ejemplo, decir que Dios es Espíritu solo declara realmente que Dios no tiene cuerpo. No podemos analizar la composición química del Espíritu de Dios ni extraer la secuencia de su ADN. De manera que no podemos relacionarnos con la naturaleza de Dios porque su naturaleza es incognoscible.

Aun así, podemos conocer a Dios porque Dios se conoce en y a través de las *Personas* de Dios. El Dios que es tres Personas en una relación entra en una relación con nosotros. Una fuerza o una idea no pueden ofrecer reciprocidad en una relación. Pero Dios no es una fuerza impersonal que fluye por el universo, ni una serie de principios morales que las generaciones pasadas

55. John Owen, "Communion with God," *Works*, vol. 2, ed. William Goold (Edimburgo: Banner of Truth, 1965). La obra está disponible con grafía, encabezados y formato moderno con el título *Communion with the Triune God*, eds. Kelly M. Kapic y Justin Taylor (Wheaton: Crossway, 2007). La versión de lectura más sencilla es la versión abreviada modernizada, *Communion with God*, ed. R. J. K. Law (Edimburgo: Banner of Truth, 1991).

consideraron una persona. Él ni siquiera es una *ampliación del amor* en algún sentido abstracto. No estamos tratando de relacionarnos con una "entidad" ni con una "fuerza". ¿Quién quiere orar a una entidad?

Antes bien, Dios es tres Personas. Él siempre ha sido tres Personas que viven en compañerismo mutuo. De modo que Dios siempre ha tenido la capacidad de relacionarse con otros, porque las Personas de Dios siempre han existido en una relación recíproca. De modo que, aunque no tengamos una relación con la esencia de Dios, sí tenemos una relación con el Padre, con el Hijo y con el Espíritu.

Owen dice:

> *Los santos tienen una comunión diferenciada con el Padre, con el Hijo y con el Espíritu Santo (es decir, diferenciada con el Padre, diferenciada con el Hijo, y diferenciada con el Espíritu Santo).*[56]

No estamos interactuando con ideas abstractas. Se trata de personas. El modelo más cercano de cómo nos relacionamos con el Dios trino es un niño que se relaciona con su padre, una hermana con su hermano, una esposa con su esposo, un amigo con su amigo.

Juan Calvino lo expresa de la siguiente manera:

> *Lo que la Escritura nos enseña de la esencia de Dios, infinita y espiritual, no solamente vale para destruir los desvaríos del vulgo, sino también para confundir las sutilezas de la filosofía profana.*[57]

En otras palabras, lo que la Biblia nos dice acerca de la esencia de Dios solo nos dice lo *poco* que podemos entender de Dios. Sin embargo, justo cuando podrías estar a punto de perder la espe-

---

56. John Owen, "Communion with God", *Works*, vol. 2, p. 9.

57. Juan Calvino, *Institución de la religión cristiana.* (Rijswijk: FELIRE, 1999), 1.13.1.

ranza de conocer a Dios realmente, Calvino prosigue diciendo que Dios "se ofrece a nuestra contemplación en tres Personas distintas; y si no nos fijamos bien en ellas, no tendremos en nuestro entendimiento más que un vano nombre de Dios, que de nada sirve".[58] En otras palabras, sin un encuentro con las tres Personas, la palabra "Dios" carece de contenido para nosotros. Podríamos usar la palabra, pero el único significado que podemos darle vendría de nuestra propia imaginación. Nunca estaría relacionado con la verdadera esencia de Dios. Por el contrario, en las Personas de Dios tenemos un verdadero encuentro con el Dios verdadero.

Piénsalo de esta manera. Podríamos preguntarnos: "¿Cómo puedes saber lo que es ser un perro?". La respuesta es que no puedes. Nunca puedes experimentar la esencia ni el ser de lo que es ser perro. Pero puedes saber acerca de perros específicos. Puedes tener una relación muy íntima con Rover, tu mascota. Lo mismo sucede con Dios, solo que en una dimensión mucho mayor. No podemos saber lo que es ser un perro, pero dado que tanto perros como humanos son mamíferos, tenemos algunas experiencias en común. Damos por hecho que existe una similitud en la forma como sentimos hambre y calor. Si tu perro cae en un río helado (como le sucedía con frecuencia al mío) y sale del agua con un aspecto desaliñado y con frío, tienes una idea muy aproximada de lo que está experimentando. Pero Dios es un ser completamente diferente de nosotros. Su experiencia de "ser Dios" excede por completo nuestro entendimiento. Es imposible para nosotros establecer siquiera paralelos difusos de la esencia de Dios.

Sin embargo, podemos conocer las Personas de Dios. Owen dice:

> *No hay gracia que acerque nuestra alma a Dios, ni acto de adoración que se rinda a Él, ni deber u obediencia que se lleve a*

58. Juan Calvino, *Institución de la religión cristiana.* (Rijswijk: FELIRE, 1999), 1.13.2.

> *cabo que no esté relacionado específicamente con el Padre, con el Hijo y con el Espíritu.*[59]

En otras palabras, siempre nos relacionamos con Dios relacionándonos con las Personas de Dios. Esta es la manera, concluye Owen, como "tenemos comunión con Dios… tenemos esa comunión específica" con cada una de las tres Personas.[60]

Es una idea sencilla que, como hemos visto, en realidad es fácil de aplicar. Cuando pienses acerca de relacionarte con Dios, piensa acerca de cómo relacionarte específicamente con cada miembro de la Trinidad. Piensa cómo es la obra del Padre en tu vida, cómo es la obra del Hijo en tu vida y cómo es la obra del Espíritu en tu vida. Y luego, en cada caso, piensa cómo podría ser tu respuesta a cada uno.

Por ejemplo, cuando ores, piensa en dirigir tus palabras al Padre por medio del Hijo con la ayuda del Espíritu. O cuando leas la Biblia, piensa cómo el Padre se revela en su Hijo mediante el Espíritu Santo, o piensa cómo el Hijo te comunica su amor por medio del Espíritu Santo.

Junto con el reconocimiento de que Dios es tres Personas, debemos siempre tener presente que Dios es un Ser. Nunca debemos separar las tres Personas del Ser que es uno solo. Los cristianos no creemos en tres dioses.

Esto significa que la obra de uno es la obra de los tres, y experimentar a uno es experimentar a los tres. En Juan 14, Jesús dice que un encuentro con Él es lo mismo que un encuentro con Dios:

- *Conocer a Jesús es conocer a Dios Padre:* "Si me conocieseis, también a mi Padre conoceríais; y desde ahora le conocéis" (v. 7).
- *Ver a Jesús es ver a Dios Padre:* "El que me ha visto a mí, ha visto al Padre" (v. 9).

---

59. John Owen, "Communion with God", en *Works*, vol. 2, p. 15, modernizado.
60. Ibíd.

- *Oír a Jesús es oír a Dios Padre:* "Las palabras que yo os hablo, no las hablo por mi propia cuenta, sino que el Padre que mora en mí, él hace las obras" (v. 10).

El que habla es un hombre. Sin embargo, en este hombre encontramos a Dios, porque este hombre *es* Dios. Jesús es el Hijo de Dios enviado por Dios para guiarnos a casa, a Dios (14:2-4). Para algunas personas, esto es tan novedoso y tan extraordinario que es difícil de asimilar. Los primeros discípulos estaban en esa categoría. Otros, por el contrario, nos hemos familiarizado tanto con esto que hemos perdido el asombro. Un encuentro con Jesús es un encuentro con Dios Padre.

Lo mismo sucede con el Espíritu, quien no nos permite experimentar la presencia de otro ser aparte de Dios. Él no es un sustituto del verdadero Dios. Él *es* Dios mismo. Y *siendo* Dios, nos lleva a encontrar la presencia genuina del Padre y del Hijo.

Esto significa que siempre tenemos comunión con Dios, no con una parte de Dios. Si tengo comunión con el Hijo, tengo comunión con el Padre y con el Espíritu. El Espíritu es el Espíritu de Dios y el Espíritu de Cristo. De modo que cuando el Espíritu mora en nosotros, el Hijo y el Padre moran en nosotros.

Permíteme sugerir una razón por la cual esto importa. Para los cristianos es fácil pensar en el Hijo como una persona amorosa y bondadosa, pero piensan en el Padre como alguien distante y severo. Tal vez pensemos que el Padre es un juez que nos reprueba. O puede que pensemos que el Hijo logra convencer a un Padre reticente para que al menos ahora nos tolere. Pero este razonamiento separa a la Trinidad. Lo que vemos en el Hijo es una revelación del Padre. Y esto es así no simplemente porque el Hijo conoce al Padre. El Hijo no es como alguien que dice: "He pasado muchas horas con Él y debajo de esa apariencia severa en realidad es muy amable y generoso". El Padre y el Hijo son un Ser con una voluntad común. La actitud del Hijo no es simplemente *como* la actitud del Padre. *Es* la actitud del Padre.

2. EL PRINCIPIO DE UNIÓN Y COMUNIÓN

John Owen dice que tenemos una relación bidireccional con Dios. Es decir, una relación de dar y de recibir. Involucra amar y ser amado. Hay deleite, y se procura deleite. Dios da vida, esperanza, libertad y perdón, y nosotros respondemos dando a Dios nuestra fe, amor y adoración.

La salvación no solo se trata de recibir el perdón de nuestros pecados y escapar del juicio de Dios. No se trata de ser justificado nada más para que Dios nos considere como justos en Cristo. Incluye todo eso, pero es mucho, mucho más. Dios no simplemente nos salva *del* pecado y de la muerte. Nos salva *para* algo. Owen habla de "la gran promesa de Cristo en su vida, muerte, resurrección y ascensión, siendo mediador entre Dios y nosotros... *de permitirnos disfrutar de Dios*".[61] La fe en Cristo nos lleva a una relación bidireccional de gozo con el Dios trino.

Existe un peligro cuando se habla de experiencias cristianas. Se corre el peligro de buscar las experiencias como un fin en sí mismo, en lugar de buscar a Dios. Experimentar a Dios no siempre se traduce en euforia emocional. Otro peligro es confundir las emociones que generan otras cosas con una verdadera experiencia de Dios. Una música excelente en una congregación numerosa exalta emociones que pueden no diferir mucho de lo que sucede en un concierto o en una película. Edificar tu fe sobre las experiencias puede ser un fundamento inestable. Tu confianza tiende a fluctuar según el estado de ánimo o las circunstancias. No somos salvos porque experimentemos ciertas emociones. Somos salvos gracias a la obra terminada de Cristo, y ese es un hecho, no una emoción.

Sin embargo, no debemos subrayar tanto la objetividad, el aspecto "factual" de nuestra fe, que perdamos lo que los cristianos solían llamar la naturaleza "experiencial" de la fe. Somos salvos para gozar de una relación genuina con el Dios trino.

Otro peligro es tener una visión estrecha de lo que está

61. Ibíd., p. 78, énfasis añadido.

implícito en una experiencia con Dios. Para algunas personas esto significa una sola cosa: mensajes directos de Dios. Quieren oír que Dios les hable, y entre más espectacular sea la experiencia, mejor. Otras personas rechazan la idea de que Dios envía mensajes especiales. Sin embargo, la rechazan al punto que dan la impresión de que el cristianismo es primordialmente una actividad intelectual en la cual aprendemos nada más información acerca de Dios a partir de la Biblia. Aunque estas visiones representan extremos opuestos, tienen en común el mismo problema: adoptan una visión muy estrecha de la manera en que experimentamos a Dios. A lo largo de este libro hemos tratado de observar las muchas y diversas maneras como Dios obra en nuestras vidas.

Retomemos lo que dijo John Owen. Él dice:

> *Nuestra comunión con Dios consiste en lo que Él nos comunica de Sí, a lo cual respondemos con lo que Él requiere y acepta, y esto fluye de la unión que tenemos con Él en Jesucristo".*[62]

Owen no solo afirma que tenemos comunión con Dios. También afirma que esa comunión fluye de nuestra unión con Dios por medio de Cristo. Así pues, nuestro segundo principio fundamental es este: *Nuestra unidad con Dios en Cristo es la base de nuestra comunidad con Cristo en la experiencia.*

He aquí el punto clave. Nuestra comunión con Dios es bidireccional, pero nuestra unión con Dios es unidireccional. Se basa en la gracia de Dios.

El pensamiento cristiano en torno a lo místico contempla, por lo general, la unión con Dios como algo que logramos como resultado de horas de meditación, de negación propia, de profunda contemplación o de rituales religiosos. Se emplea con frecuencia la imagen de una escalera que debemos ascender para conectarnos con Dios. Unión y comunión se fusionan y nuestra unión-comunión con Dios se basa en nuestros logros.

---

62. Ibíd., pp. 8-9, modernizado.

A las personas les atrae esto porque les ofrece una espiritualidad de logro. Les gusta la idea de volverse "personas espirituales" por medio de su propio esfuerzo personal. Es algo que apela a su orgullo. Sin embargo, a la mayoría esto nos resulta intimidante. La comunión con Dios parece algo inalcanzable, algo para monjes y místicos. La gente común que trabaja de nueve a cinco están relegados a la categoría de cristianos de segunda.

No obstante, la gracia de Dios elimina por completo esta escalera de logro espiritual. La unión con Dios por medio de Cristo es algo que Dios nos ofrece. Una de las referencias más comunes del Nuevo Testamento para los cristianos es llamarlos como quienes están "en Cristo". Un cristiano es por definición alguien que está profundamente conectado a Cristo.

De manera que nuestra unión con Dios es un regalo. Aunque en realidad también lo es nuestra *comunión* con Dios. La razón es que siempre fluye de nuestra unión con Dios. Así pues, al igual que nuestra unión con Dios, la comunión con Dios no es algo que nosotros logramos. Es algo que disfrutamos como un regalo de Dios. Puesto que es una relación bidireccional, podemos descuidar ese regalo. Disfrutarlo o no plenamente es algo que depende de nuestras acciones. Pero nunca es un logro de nuestra parte.

Imagina que un amigo te regala una suscripción a un canal de películas. Puede que pases varias semanas sin mirar una película, sin disfrutar su regalo. Entonces te acuerdas de repente de todas esas películas interesantes a las cuales tienes acceso. Y empiezas a disfrutar de un par de películas por semana. La medida en la cual disfrutas las películas depende de ti. Pero no puedes pretender que tu disfrute sea el resultado de tu logro. Sería absurdo afirmar: "Gracias a mi duro trabajo y a mi dedicación he disfrutado de tres películas que vi esta semana". Cada película que miras es un regalo de tu amigo.

Así es nuestra relación con el Dios trino. Cada placer que disfrutas de la relación es un regalo de Dios. Aunque puedes descuidar la relación, nunca puedes alegar que tu disfrute sea resultado de tus logros espirituales. Tu comunión con Dios siempre se basa en tu unión con Dios que Él hace posible en su gracia. Alec Motyer, experto en Antiguo Testamento, dice lo siguiente en su comentario sobre Éxodo 19:4-6:

> *Nuestra posición se deriva de los actos divinos; el goce, del compromiso receptivo de la obediencia. La obediencia no es nuestra porción en un negocio bilateral, sino nuestra respuesta agradecida a lo que el Señor ha decidido y ha hecho de manera unilateral.*[63]

Es importante reconocer esta diferencia entre *unión* y *comunión*. Nuestra unión con Dios es unilateral, autónoma. Y, dado que se trata únicamente de la obra de Dios, nada podemos hacer nosotros para cambiar nuestra *posición* delante de Dios. No obstante, Dios nos ha salvado para que podamos tener *comunión* con Él, y esta comunión con Dios es bidireccional. Dios se relaciona con nosotros y, en respuesta, nosotros nos relacionamos con Dios. De manera que nosotros aportamos a la relación. Y, por ende, lo que hacemos puede afectar nuestra *experiencia* de Dios.

Nuestra relación con Dios descansa en la realidad objetiva del amor del Padre, de la obra del Hijo y de la presencia del Espíritu. Y esta es la fuente constante a la que volvemos. Si nos sentimos secos espiritualmente, volvemos a nuestra unión con Cristo. Si estamos plagados de dudas, culpa o temor, volvemos a nuestra unión con Cristo. Si nos sentimos insignificantes, volvemos a nuestra unión con Cristo. Si nos sentimos plenos, pero queremos más, volvemos a nuestra unión con Cristo. La fe busca y se aferra a Cristo. La fe levanta su mirada a Cristo, que está sentado en el cielo. Sin importar lo que sintamos, sabemos que Él está en el cielo como nuestro representante.

Los sentimientos y la experiencia no son lo mismo. Yo experimento el amor de mi padre terrenal sin importar cuáles sean mis sentimientos. Él se interesa por mí y yo soy beneficiario

---

63. J. A. Motyer, *The Message of Exodus*, The Bible Speaks Today, (Leicester: Inter-Varsity Press, 2005), p. 200.

de su cuidado por mí, ya sea que hoy me sienta cercano o no a Él. Lo mismo sucede con mi Padre celestial. Crecer en la fe es aprender a discernir la participación de la Trinidad en nuestra vida aun cuando no "sintamos" esa presencia. Tal vez mañana me despierte sintiéndome espiritualmente seco. Tal vez me sienta aplastado por mi culpa o abrumado por mis responsabilidades. Puede que sienta que Dios no me sostiene de inmediato. Sin embargo, abro mis cortinas y veo que se ha levantado el sol. Reconozco por la fe que este es el mundo que Dios ha creado. Él sigue velando por su creación y continúa cuidando de mí. Él actúa como mi Padre, a pesar de que hoy me sienta seco espiritualmente. Yo experimento su amor a pesar de que no perciba en mi interior una sensación cálida. "Esta es la victoria que ha vencido al mundo, nuestra fe" (1 Juan 5:4). En ocasiones, la victoria de la fe es una victoria sobre nuestros sentimientos. El objetivo de este libro ha sido equiparte para la batalla de la fe: la pelea por reconocer la realidad del cuidado del Dios trino en la vida de su pueblo.

GOZO COMPLETO

El apóstol Juan nunca se cansó de la comprensión de haber visto la gloria de Dios en la persona de Cristo. Empezó su primera carta con las palabras: "Lo que era desde el principio, lo que hemos oído, lo que hemos visto con nuestros ojos, lo que hemos contemplado, y palparon nuestras manos tocante al Verbo de vida" (1 Juan 1:1). Jesús no fue un fantasma ni un espejismo. Tenía realmente carne humana. Sin embargo, en estos versículos Juan no se refiere a Él como "Jesús" ni "Cristo". Se refiere a Él como "vida". "La vida fue manifestada", dice Juan en el versículo 2. Juan había oído, visto y tocado a Aquel por medio del cual fue creado el mundo. Jesús no solo da vida eterna; Él mismo es vida, vida verdadera. Conocer a Jesús significa participar de la vida de la Trinidad. Juan continúa diciendo: "lo que hemos visto y oído, eso os anunciamos, para que también vosotros tengáis comunión con nosotros; y nuestra comunión verdaderamente es con el Padre, y con su Hijo Jesucristo" (1 Juan 1:3). Luego añade: "Estas cosas os escribimos, para que vuestro gozo sea cumplido" (1 Juan 1:4).

Jesús se manifestó para que las personas puedan tener comunión o compañerismo con Dios. Juntos participamos en la vida de la Trinidad. Somos una familia cuyo Padre es Dios, cuyo hermano es Jesús, y que nos tenemos los unos a los otros como hermanos y hermanas. El resultado es una comunidad en la cual el gozo es completo. El Padre se deleita en su Hijo, y Él se deleita en compartirnos ese deleite. Nosotros nos deleitamos en el Hijo, y nos deleitamos en compartir con otros ese deleite.

¡Es un gozo completo!

EPÍLOGO: DE PIE BAJO LA LLUVIA

Son las cinco de la mañana en Dublín, Irlanda, y estoy de pie bajo la lluvia, esperando un autobús. Estoy aburrido. ¿Qué debo hacer? "Debería orar", me digo a mí mismo. Pero no siento ganas de orar. Orar sería fácil si me encontrara en la comodidad y tranquilidad de mi estudio. Pero estoy de pie bajo la lluvia. Preferiría que pase el autobús.

Pero resulta que estoy escribiendo un libro acerca de gozar de Dios. ¿Qué le diría Tim, el autor del libro, al Tim que está bajo la lluvia? ¿Cómo funciona en ese momento aquel libro que habla acerca de gozar de Dios? Recuerdo el canto del ave que oí cuando salía de mi casa, y que todavía puedo oír. Recuerdo que reflexioné acerca de la capacidad extraordinaria del canto de las aves para alegrar mi espíritu, al parecer en una reacción desproporcionada de mi parte. Lo veo (con frecuencia) como un regalo de mi Padre: una señal de que su creación fue, y es, asombrosamente generosa (como vimos en el capítulo 3).

Si dependiera de mí, no estaría esperando un autobús a las cinco de la mañana. De hecho, fue una decepción para mí enterarme de que esto hacía parte del compromiso que había adquirido al dar una charla. Si dependiera de mí, preferiría que no lloviera. De hecho, si dependiera de mí, todavía estaría en mi cama. Sin embargo, era evidente que esta era una decisión de Dios y que Él tenía, con toda seguridad, un propósito con ello (como vimos en el capítulo 4). Así que tomé mi decisión personal de disfrutar de la lluvia. Me propuse sintonizarme con sus notas y sus ritmos: el ruido que hace cuando choca con el pavimento y que se mezcla con el goteo de los techos.

Doy gracias a Dios por el canto de las aves y, en oración, le encomiendo mi viaje (como vimos en el capítulo 5). Me siento nervioso por ese viaje (como siempre pasa). ¿Vendrá el autobús? ¿Lograré abordar el avión? A pesar de esto, descanso en el cuidado soberano de Dios (como vimos en el capítulo 3).

Hago un recorrido por lo que ha rondado por mi mente. Mis pensamientos han revoloteado entre un pecado que cometí hace dos días que todavía me pesa, y una situación en la cual espero ser ejemplo de liderazgo.

Confieso mi pecado (como vimos en el capítulo 13). He buscado consuelo en la misericordia del Padre. También pienso en Cristo en el cielo como mi representante, y siento más consuelo aún para mi horrible corazón (como vimos en el capítulo 6). Entonces pido la ayuda de Dios. Soy consciente de mi incapacidad para proveer liderazgo. Me pregunto si las personas confían en que yo les provea dirección. Me pregunto si confío en mí mismo. Entonces recuerdo el poder del Espíritu. No estoy solo. Dios obra en mí y a través de mí por medio de su Espíritu (como vimos en el capítulo 9).

Mi mente regresa al versículo que leí ayer: *Nosotros todos, mirando a cara descubierta la gloria del Señor, somos transformados de gloria en gloria en la misma imagen.* Algo así. Con esas palabras les recordé a mis estudiantes que somos transformados cuando contemplamos la gloria de Dios en Cristo. Ahora yo me lo recordaba a mí mismo. O tal vez el Espíritu me lo recordaba (como vimos en el capítulo 11).

Esta es una historia de la vida real. No estoy inventando una secuencia artificial que incluya los capítulos de este libro. Todo lo que describí sucedió realmente como lo he relatado. Tal vez habría podido añadir que sigo meditando en la compasión de Cristo por mí (como vimos en el capítulo 7). Podría haber recordado la confirmación de su amor en el pan y en el vino (como vimos en el capítulo 8). Podría haber vislumbrado una nueva creación con la ayuda del Espíritu (como vimos en el capítulo 10). Pero en ese momento llegó el autobús.

He aquí el punto, el punto principal del libro: A las cinco de la mañana, bajo la lluvia de Dublín, el Padre, el Hijo y el Espíritu están juntos participando de manera activa en mi vida. Y si yo lo decido, puedo responder y gozar de mi relación con ellos.

Lo mismo puedes experimentar tú ahora mismo dondequiera que estés y sea cual sea tu situación en este momento.

AGRADECIMIENTO

Muchas gracias a mi editora, Alison Mitchell, por garantizar de manera cuidadosa y entusiasta que lo que he escrito sea coherente y comprensible.

EDITORIAL
PORTAVOZ

NUESTRA VISIÓN

Maximizar el efecto de recursos cristianos de calidad que transforman vidas.

NUESTRA MISIÓN

Desarrollar y distribuir productos de calidad —con integridad y excelencia—, desde una perspectiva bíblica y confiable, que animen a las personas a conocer y servir a Jesucristo.

NUESTROS VALORES

Nuestros valores se encuentran fundamentados en la Biblia, fuente de toda verdad para hoy y para siempre. Nosotros ponemos en práctica estas verdades bíblicas como fundamento para las decisiones, normas y productos de nuestra compañía.

Valoramos la excelencia y la calidad.
Valoramos la integridad y la confianza.
Valoramos el mérito y la dignidad de los individuos y las relaciones.
Valoramos el servicio.
Valoramos la administración de los recursos.